나는
왜

남들보다
쉽게 지칠까

나는
왜

남들보다
쉽게 지칠까

최재훈 지음

서스테인

성격에 대해 상담할 때 가장 많이 듣는 이야기는 "내가 이런 사람이라는 것을 처음 알았다", "알고 나니 너무 공감되고, 이제야 지난날의 내가 이해된다" 등의 반응입니다. 자신이 어떤 사람인지, 그 기질적 특성과 성격을 그동안 세밀히 파악하지 못했던 거죠. 실제로 자기 자신에 대해 정확히 인지하고 있는 사람은 극히 드뭅니다. 자기 자신 혹은 타인의 성격에 대해 올바른 판단을 하기가 쉽지 않은 이유는 보이는 모습과 실제의 모습이 다를 때 대다수의 사람은 보이는 모습이 곧 그 사람의 성격이라고 생각하기 쉽기 때문입니다. 하지만 사실 '성격'이라는 것은 이미지가 아니라 언제나 그 사람의 실체를 반영합니다.

이 책의 주인공인 매우 예민한 사람들(HSP, Highly Sensitive Person)이 자신의 성격을 오해하기 쉬운 이유 또한 마찬가지입니다. 그들이 평소 보이는 모습은 우리가 흔히 생각하는 '예민함'이라는 이미지와 동떨어져 있기 때문입니다. 예민한 사람이라고 하면 흔히 날카로운 반응과 신경질적인 행동들, 호불호에 대한 강한 표현, 잦은 짜증 등의 모습을 떠올리기 쉽지만, 성격심리학에서 정의하는 예민한 기질을 가진 사람들은 매우 흥미롭게도 이와는 정반대의 행동 패턴을 보입니다. 이들은 오히려 늘 상대에게 맞춰주고, 갈등을 만들지 않기 위해 기를 쓰고 노력하며, 남에게 폐가 되는 행동은 절대 하지 않습니다. 사실 누구보다 따뜻하고 배려심 넘치며, 언제나 타인의 감정과 분위기를 살펴 모두를 편하게 해주려 애쓰는 사람들이죠.

실제 성격과 보이는 모습이 이렇게 다르다 보니 주변 사람들은 그들을 그저 무던하고, 둥글둥글한 사람이라고 오해하고 누구보다도 예민한 이 사람들을, 누구보다도 둔감한 사람으로 대하곤 합니다. 이런 일상이 계속되면 본인조차도 자신의 성격을 제대로 파악하는 게 어려워지고, 그 괴리감으로 남들보다 몇 배는 더한 감정 소모와 번아웃을 겪게 됩니다.

'예민함'이라는 기질적 특성을 이해하지 못한 채 이러한 감정 소모와 심리적 고통이 지속되면 긴장도와 불안감이 점점 높아져 만성적으로 우울이나 불안 장애로 이어질 수 있습니다. HSP들이 자신의 기질적 특성을 이해하는 게 무엇보다 중요한 이유입니다.

인간에게는 인지적 종결 욕구라는 본능이 있습니다. 이 본능으로 인해 무언가 납득할 수 없고, 이해되지 않는 게 있으면 그것이 해소될 때까지 상당한 내적 불편감을 겪게 됩니다. 내가 왜 이런 감정을 느끼고, 왜 이런 행동을 하는지 나조차도 이해할 수 없는 상태에서는 계속해서 불안감과 공허감에 시달릴 수밖에 없습니다. 하지만 자신의 기질과 성격을 제대로 파악하고 이해하게 되면, 그래서 스스로에 대해 많은 것들을 깨닫게 되면 어느 순간 퍼즐이 맞춰지면서 '아하 모먼트(A-ha moment)'에 이르게 됩니다. 그동안 납득하기 어려웠던 자신의 태도나 행동들을 비로소 이해할 수 있게 되는 것입니다. 우리의 뇌가 더 이상 방황하지 않고 '나'에 대한 고민들을 깔끔히 종결짓는 것이죠.

이 책에는 예민한 사람들이 그동안 자신을 힘들게 했던 많은 문제를 이해하고, 자신의 정체성을 확립해 나가는 데 도움이 될 만한 이야기들이 담겨 있습니다. '예민함'

이라는 기질적 특성을 제대로 이해함으로써 그동안 왜 이렇게 하루하루가 지치고 힘들 수밖에 없었는지 그 원인을 파악하고, 앞으로 어떤 식으로 인생을 헤쳐나갈 것인지 자신만의 서사를 잘 그려나갈 수 있기를 바랍니다. 또한 이 책과 함께 '나'를 알아가는 뜻깊은 시간 속에서 독자 여러분들의 내면이 단단히 여물어 가기를, 그래서 앞으로는 사는 게 조금이나마 쉬워지기를 기원합니다.

2024년 6월

최재훈

차례

1 / 남들은 내가
예민하다는 걸 모른다

나는 얼마나 예민한 사람일까?

No.	문항	그렇다	아니다
1	나는 주위에 있는 미묘한 것들을 인식하는 것 같다.		
2	다른 사람들의 기분에 영향을 받는다.		
3	통증에 매우 민감하다.		
4	바쁘게 보낸 날은 침대나 어두운 방 또는 혼자 있을 수 있는 장소로 숨어 들어가 자극을 진정시킬 필요가 있다.		
5	카페인에 특히 민감하다.		
6	밝은 빛, 강한 냄새, 사이렌 소리 같은 것들에 의해 쉽게 피곤해진다.		
7	풍요롭고 복잡한 내면 세계를 지니고 있다.		
8	큰 소리에 불편해진다.		
9	미술이나 음악에 깊은 감동을 받는다.		
10	양심적이다.		
11	깜짝깜짝 놀란다.		
12	짧은 시간 안에 많은 일을 해야 할 때 당황한다.		
13	사람들이 불편해할 때 어떻게 하면 좀 더 편안하게 해줄 수 있는지 안다.		

14	사람들이 한 번에 너무 많은 것을 요구하면 짜증이 난다.		
15	실수를 저지르거나 뭔가 잊어버리지 않으려고 노력한다.		
16	폭력적인 영화와 TV 장면을 애써 피한다.		
17	주변에서 많은 일들이 일어나고 있을 때 긴장을 한다.		
18	배가 아주 고프면 강한 내부 반응이 일어나면서 주의 집중이 안 되고 기분 또한 저하된다.		
19	생활의 변화에 의해 동요된다.		
20	섬세하고 미묘한 향기, 맛, 소리, 예술작품을 감상하고 즐긴다.		
21	내 생활을 정돈해서 소란스럽거나 당황하게 되는 상황을 피하는 것을 우선으로 한다.		
22	경쟁을 해야 한다거나 무슨 일을 할 때 누가 지켜보고 있으면 불안하거나 소심해져서 평소보다 훨씬 못한다.		
23	어렸을 때 부모님과 선생님들은 내가 민감하거나 숫기가 없다고 생각했다.		

✤ '그렇다'가 13개 이상이면 매우 예민한 기질을 가진 사람일 확률이 높다.

남들은
내가

예민하다는 걸
모른다

HSP로서의
삶이란

앞 장의 질문지는 초예민성 개념의 선구자인 일레인 아론(Elaine Aron)이 개발한 검사입니다. 23개의 문항 중 '그렇다'가 13개 이상이라면, HSP 기질일 확률이 높습니다. HSP(Highly Sensitive Person)는 매우 예민한 기질을 가진 사람을 뜻하는 용어로, 인구통계학적으로 16퍼센트가량이 이에 해당하며, HSP 중 내향 대 외향의 비율은 7 대 3 정도로 알려져 있습니다.

간혹 "13개 정도면 그렇게 예민한 편은 아니지 않나요?"라고 물어보는 사람도 있습니다. 예민성 척도는 이분법적 개념이 아니라 연속선상의 개념입니다. 즉 '예민하다', '예민하지 않다'의 의미가 아니라, 얼마나 예민한지, 그 정도를 의미합니다. 즉 13개의 문항에 체크했다면 HSP 중 가장 덜 예민한 최하위에 속하는 것이고, 23개의 문항 모두에 체크했다면 HSP 중에서도 최상위라고 볼 수 있습니다. 참고로 저는 23개의 문항 모두에 해당합니다.

'매우 예민한 사람'이라고 하면 왠지 어감상 성격에 무언가 문제가 있는 듯 느껴지지만, 그저 일반적인 성격 유형 중 하나일 뿐입니다. 다만 이러한 기질의 특성을 잘 이해하지 못한 채 예민한 기질로 인한 과도한 심적 고통이 지속되면, 만성적인 우울이나 불안 장애로 이어질 수 있기에 예민한 기질의 특성을 이해하는 것이 무엇보다 중요합니다.

HSP는 비유하자면, 성능이 매우 뛰어난 '슈퍼 안테나'라고 볼 수 있습니다. 안테나가 극도로 민감해서 세상의 모든 소리를 다 잡아낼 수 있다고 상상해보세요. 뛰어난 기술이니 장점도 많겠지만, 듣기 싫은 소음까지 다 들려오니 치명적인 단점도 공존하겠죠. 마찬가지로 HSP들은 자신을 둘러싼 온갖 소음과 자극에 괴로워하며 '초감각'에서 벗어나고 싶어 하지만, 더 많은 정보와 더 미세한 소리를 식별할 수 있다는 것은 생각하기에 따라 엄청난 장점이 될 수도 있습니다.

HSP의 세 가지 특성 ─────────────

구체적으로 살펴보기 전에 누군가에게는 선물로, 누군가에게는 저주로 느껴질 수도 있는 HSP들이 지닌 세 가지 특성에 대해 우선 살펴보겠습니다.

1 | 초감각Super Sense

HSP의 신경계는 태어날 때부터 굉장히 민감하게 날이 서 있습니다. 예민한 아기들은 오감을 관장하는 감각 처리 기관의 민감도가 높아 조금만 불편해도 빽빽 울기 때문에 양육 난이도가 굉장히 높은 편입니다. 하지만 그만큼 정보를 받아들이는 감각이 예리하게 트여 있으므로, 또래 아이들보다 상대적으로 더 많은 정보를, 더 깊은 수준까지 습득하는 경향성이 있습니다. 즉 정보 처리에 있어서 다른 사람보다 더 일찍, 더 많이 선행 학습을 한다는 의미입니다. 그래서 HSP들은 어릴 때부터 기본적으로 영민한 머리를 갖추고 있는 편입니다.

HSP들의 감각 처리 기관은 그야말로 스펀지 같아서 주변의 모든 자극을 흡수하려는 습성을 지닙니다. 이 스펀지 같은 기능은 흥미롭게도 영재들의 선천적인 영민함과도 유사한 측면이 있어서 영재개발센터 창립자인 심리학자 린다 실버만(Linda Silverman)은 연구를 통해 감각 처리기관의 민감성과 선천적 영민함이 상관관계가 있음을 밝히기도 했습니다. 그도 그럴 것이 영아 때부터 각종 자극에 대한 인풋을 훨씬 더 깊은 수준까지 처리해온 사람이라면, 그들의 뇌 신경회로의 발달도 상대적으로 더 앞서 있겠죠.

HSP들의 이러한 초감각은 항상 편안하고 쾌적한 환경을 지향하기 때문에 어떻게 해야 좀 더 안락해질 수 있을지에 대한 정보들에 굉장히 민감합니다. 예민한 아기들의 경우, 자기가 어떤 상태에서 편안함을 느끼는지 세세한 부분까지도 굉장히 민감하게 굴기 때문에 부모가 늘 세심히 배려해야 합니다.

이러한 측면에서 HSP들은 상대적으로 웰빙에 관심이 많고, 자기 관리를 잘하는 편에 속하기도 합니다. 하지만 그만큼 불편하고 불쾌한 환경에서는 남들보다 몇 배로 더 힘들어하기 때문에 부정적인 상황 속에서 생활하다 보면 모든 에너지가 소진돼 결국 번아웃에 빠지기 십상입니다. 그래서 제삼자가 보기에는 되려 굉장히 둔하고 게으른 사람처럼 비추어지는 경우가 종종 있습니다.

이렇듯 과부하되기 쉬운 민감한 신경계를 지닌 HSP들은 번아웃이 오지 않도록 평소에 자신의 한계치에 대한 선을 명확히 하고, 스스로 번아웃의 경계에 가까워진 것 같다고 판단되면, 그 즉시 각종 자극에서 한발 물러나 몸과 마음을 재충전하는 시간을 갖는 것이 중요합니다.

2 | 초감정 Super Feeling

HSP들의 민감성은 감정적인 부분에서도 그 영향력을 발휘합니다. 그들은 긍정적인 감정이든, 부정적인 감정이든 굉장히 깊고 강하게 빠져드는 경향이 있습니다. 그래서 HSP들은 뭐 하나에 빠지면, 그야말로 광적으로 몰입하곤 합니다. 가령 남녀 관계의 경우, HSP들은 종종 굉장히 열정적으로 사랑에 빠지곤 합니다. 안타까운 점은 그렇게 푹 빠져 몰입하다가도 어느 순간 콩깍지가 벗겨지고 상대방의 단점이 보이기 시작하면 사랑이 '확' 불타올랐던 것처럼 식을 때도 '확' 식어버리기 쉽다는 겁니다. 이들은 항상 초감정적 상태를 경험하기 때문에 좋을 때는 이루 말할 수 없을 만큼 좋지만, 싫을 때는 진짜 견디기 힘들 만큼 상대방이 싫어지는 것이죠.

이러한 HSP들의 초감정은 내 감정뿐 아니라 타인의

감정에도 쉽게 영향을 받습니다. 그래서 HSP들은 타인의 감정 상태를 매우 잘 인지하고, 인지된 그 감정에 긍정적으로든 부정적으로든 굉장히 큰 영향을 받으며, 심지어는 드라마 속 가상의 캐릭터가 고통받는 것조차 마치 내가 겪는 것처럼 힘들어하는 경향이 있습니다.

이렇게 타인의 감정까지 아우르는 초감정 특성으로 인해 HSP들은 눈치가 굉장히 빠르고 비상해질 수밖에 없습니다. 이는 환경에 따라 장점이 되기도 하고, 단점이 되기도 합니다. 가령 우호적인 환경에서는 다른 사람들의 감정을 헤아릴 줄 아는 센스 넘치는 사람으로 살아갈 수 있습니다. 반면 부정적인 환경에서는 남들 눈치를 살피느라 번아웃이 와서 무기력해지거나 다른 사람들의 고통과 스트레스까지 다 떠안게 되는 등 최악의 결말로 치달을 수 있으므로 HSP들은 자신이 속할 집단과 환경에 있어서만큼은 항상 최선의 선택을 해야만 합니다.

3 | 심미안Aesthetic Sensitivity

HSP들은 대부분 자신만의 주관과 잣대가 강하며, 호불호 또한 분명합니다. 이는 미적 감각에 대해서도 마찬가지입니다. HSP들은 오감이 관여하는 수많은 문화 · 예술 영역에서 자신만의 가치를 추구하는 경향이 있으며, 이는 이들의 삶의 질과 직결되는 굉장히 중요한 내적 활동이라고 볼 수 있습니다. HSP들은 음악이나 그림, 영화, 책 등을 감상하거나 스스로 창작하는 과정에서 굉장히 깊은 수준의 영감을 느끼고, 감동과 흥분감도 만끽합니다. 이는 그들이 지닌 초감각으로 매우 디테일한 부분까지 식별 가능해지고, 초감정으로 내면의 깊숙한 부분까지 건드려지게 되는 것이죠. 이러한 심미안은 풍요롭고 복잡한 내면세계를 형성하는 데 결정적인 역할을 합니다. 아마도 평소에 상상하는 것을 좋아한다거나, 개성 넘치는 이야깃거리들을 머릿속에 가득 담고 있는 사람이라면, 그러한 특성은 분명 여러분만의 심미적 예민함에서부터 연유되었을 겁니다.

심리학에는 하나의 공식이 있습니다. 내가 좋아하고 사랑하는 것들과 함께할 때 내 마음이 치유되고 내면의 에너지가 충전된다는 것입니다. 즉 '힐링'이죠. 특히나 HSP들은 과부하가 걸리기 쉬운 신경 체계를 타고났기 때문에 잦은 휴식과 주기적인 힐링이 필수적으로 요구됩니다. 때문에 자신의 심미안을 충족시키는 요소들을 활용한 취미생활과 루틴은 에너지 충전에 무척 도움이 됩니다. 이때 심미안을 공유하고 취미생활을 함께할 수 있는 누군가가 있다면, 그는 HSP들의 정신 건강에 매우 큰 도움이 되는 존재가 될 겁니다.

이처럼 HSP로서의 삶이란 자신을 정성껏 케어하면서, 사람을 가려 사귀고, 일이나 취미 등에서 자신이 가진 센스의 극한까지 맛보는 이른바 '구도자의 인생'과도 같습니다. 평생 방망이 깎는 노인의 심정으로 여러분의 센스를 최대한 발휘해보세요. 요즘 같은 감각의 세계에서 한 명의 장인으로 독자적인 삶을 추구하는 것도 꽤 괜찮은 인생 아닐까요?

예민하다고
모두가 HSP인 것은 아니다

사실 '예민하다'라는 표현은 성격을 뜻한다기보다 상태를
묘사한다고 보는 쪽이 본질에 더 가깝습니다. 예민함이란
특성은 굳이 따지자면 결과적 측면에 가깝습니다. 어떠한
성격이나 기질적 요소로 인해 특정 상황에서 예민해'지
는' 것이죠. 가령 내향적인 사람들은 다른 사람들과 교류
해야 하는 사회적 환경에서 예민해'지는' 경향이 있습니
다. 주로 내면의 활동을 하면서 만족감을 느끼고 에너지
를 쏟는 사람들이다 보니, 자신의 시간과 주의력을 빼앗
길 수도 있는 타인의 존재에 예민해지는 것이죠. 내향인
을 비롯해 완벽주의자, 고 신경인, 고 공감인 등의 유형이
이처럼 '성격적' 측면으로 인해 결과적으로 예민해지는
유형입니다. 이러한 성격적 특질은 'Big 5 성격 검사'를 통
해 자세히 알아볼 수 있습니다.

반면 이들과는 달리 초예민자, 즉 HSP들은 '기질적'으로 예민한 특성을 타고납니다. 선천적으로 감각 처리 민감도(sensory processing sensitivity)가 높은 상태에서 태어나기 때문에 초감각·초감정·초예술성(심미안) 같은 다른 내적 특성들이 발현되는 것이죠. 성격적 측면으로 예민한 패턴이 발현되는 유형과 기질적으로 예민함을 타고난 HSP. 이번에는 이 둘의 차이점에 대해서 살펴보겠습니다.

HSP vs 유사 예민자

우선 HSP들은 시각, 미각, 후각, 청각, 촉각 등 대부분의 감각이 빠릿빠릿한 채로 태어나기 때문에 보통 사람들보다 상대적으로 더 많은, 더 깊은 수준의 정보 처리가 끊임없이 이루어집니다. 앞서 언급했듯이 예민한 아이들은 대체로 양육 난이도가 매우 높은 편입니다. 잘 발달된 감각으로 인해 불편함을 참기 힘들고, 호불호 또한 굉장히 강합니다. 불편함을 느끼는 역치도 상대적으로 낮아 비위가 약하다거나 편식이 심하고, 냄새와 소음에도 민감합니다. 재울 때나 밥을 먹일 때도 세심히 신경 쓰지 않으면 금세 울음을 터트리고 말죠. "저는 어릴 땐 안 그랬는데, 지금은 HSP 같은데요?"라고 묻는 사람도 많습니다. 이 경우는 대체로 다음의 세 가지 경우 중 하나라고 볼 수 있습니다.

① 어린 시절의 기억이 왜곡됐거나
② 극심한 트라우마로 인해 신경회로에 변화가 있었거나
③ 내향인, 완벽주의자 등의 유사 예민자이거나

이 중 세 번째, 즉 유사 예민자에 해당하는 경우가 많습니다. HSP들의 예민함은 타고난 예민함인 데 반해 유사 예민자들의 예민함은 '결과적 예민함'에 가깝습니다. 이를테면 앞서 언급했듯, 내향인들은 원치 않는 사회적 교류가 강제되는 상황에서 예민해집니다. 그들의 예민함은 상황에 따라 발현되는 '사회적 민감성'이라고 볼 수 있습니다.

또 다른 유사 예민자인 완벽주의자들의 경우, 이들은 확실한 목표가 있는 상황에서 목표에 가까워질수록 오히려 예민해지는 경향이 있습니다. 7부 능선을 넘은 뒤 나머지 3할을 완성해가는 과정에서 혹시 어떤 변수가 생기는 건 아닐지, 과연 끝까지 완벽하게 해낼 수 있을지 등 계속해서 노심초사합니다. 자신이 목표한 바를 종결지을 때까지 긴장과 불안이 지속되는 상황, 즉 완벽주의자들의 예민함은 종결이 임박했을 때 주로 발현되는 '종결 민감성'에 가깝습니다.

한편 고 신경성은 '위협 민감성'에 관련된 성격 특질입니다. 통상적으로는 신경성이 높을수록 자신에게 위협이 될 만한 것들을 감지하는 범위가 넓어지는 경향이 있는데, 이는 다시 말해 불편함에 대한 역치가 상대적으로 낮다는 것을 의미합니다. 조금만 불편해도 뇌가 위협적인 상황이라고 인식하면서 스트레스 반응이 확 하고 터져 나오는 것이죠. 이러한 고 신경인들의 위협 민감성은 예민한 감각으로 평소 불편함을 겪는 경우가 많다는 점에서 HSP들의 초감각과 유사한 측면이 있습니다. 하지만 고 신경인들의 경우 HSP들을 가장 괴롭히는 초감정적 특성을 지니고 있지는 않습니다. 그들이 느끼는 불쾌감은 양의 문제이지, 질의 문제는 아니거든요.

유사 예민자 중 HSP와 가장 많은 접점을 지닌 이들은 바로 '고 공감인(empath)', 엠패스입니다. 엠패스들의 경우 HSP만큼이나 초감정적 특성이 매우 강력한 것으로 알려져 있습니다. 초감정이란 마치 압도되는 듯한 강렬한 감정적 상태에 빠지는 것을 의미하는데, 엠패스들은 이에 더해 타인의 감정까지 마치 내 것처럼 강렬하게 느낀다는 특징이 있습니다. 따라서 타인과의 연결성을 강하게 느끼게 됩니다. 이러한 연결성의 단점은 타인의 고통과 스트레스까지 결국에는 내 몫이 된다는 점입니다. 반면 장점으로는 타인의 감정을 읽어내는 능력이 매우 뛰어나므로 인간관계에서 굉장히 눈치 있게, 센스 있게 잘 대처해나갈 수 있다는 점이 있습니다.

엠패스와 HSP, 둘 다 초감정적 특성을 지녔지만 그 양상은 다르게 나타납니다. 엠패스들의 초감정의 기반은 '공감'으로, 그들은 공감과 동시에 상대방의 입장을 헤아려보는 역지사지 등의 인지적 과정이 일어납니다. 반면 HSP의 초감정의 기반은 '감정의 전이'에 있다고 볼 수 있습니다. 상대방의 감정에 따라 자신의 기분도 달라지는 감정 전이는 일반적인 현상이지만 HSP의 경우에는 그 속도와 강도가 보통 사람들보다 훨씬 더 강력하다는 데 그 차이가 있습니다. 예를 들어 누군가가 짜증을 내고 있는 상황이라면, HSP는 그 부정적 감정이 전이되어 자신도 잔뜩 짜증이 치밀어오르는 상태가 되는데요. 이렇게 감정만 전이된 상태에서는 전적으로 자신의 기준에서 '별것도 아닌 일로 왜 저래?', '진짜 이해 안 되네'와 같은 주관적 평가, 즉 자기중심적 사고를 하기가 쉬워집니다. 반면 엠패스들은 상대방이 짜증을 느끼게 된 상황적 맥락까지도 역지사지로 공감할 수 있기 때문에 '그래, 나 같아도 짜증이 날 것 같아'와 같은 대상 중심적 사고와 소통이 활성화되는 경향이 있습니다. 단순히 감정의 영역만 놓고 보자면 엠패스들은 초감정에 초공감까지 확장된 측면이 있기 때문에 HSP보다 더 고차원적인 면모를 지녔다고 볼 수 있습니다.

하지만 엠패스와 HSP의 민감성에는 분명한 차이가 있습니다. 엠패스들은 초감각과 초예술성 부분에서 HSP만큼의 차별성이 나타나지 않기 때문입니다. 특히 초예술성, 즉 심미안 영역은 다른 유사 예민자들에게서는 좀처럼 나타나지 않는 HSP만의 고유 특성이라고 볼 수 있습니다.

이들은 뛰어난 미적 감각으로 예술성이 뛰어난 경우도 많고, 본인이 아티스트가 아니더라도, 예술작품과 문화생활을 향유하며 적극적으로 즐기는 경우가 많습니다. 특히 미술이나 문학, 음악, 영화 등을 즐기면서 표현하기 어려운 감정의 휘몰아침과 함께 소름이 돋는 경험을 자주 하는 사람이라면 HSP일 확률이 높습니다.

결국 HSP와 유사 예민자는 심미안적 특성이 어떠한지로 구분하는 것이 가장 현실적인 방법이라고 볼 수 있습니다.

진짜 예민한 사람은
예민함을 드러내지 않는다

예민함에는 '외향적 예민'과 '내향적 예민', 두 종류가 있습니다. 이 구분은 학계에서 다루는 현상에 편의상 명칭을 붙인 것으로, 학계에서 구분하고 있는 현상은 다음과 같습니다.

　　예민함이 겉으로 드러나는가, 드러나지 않는가

　　우리는 보통 보이는 모습을 통해 다른 사람들을 평가하기 마련입니다. 주변에서 흔히 예민하다는 얘기를 많이 듣는 사람은 자신의 예민함을 자주 표현하는 사람인 경우가 많습니다. 사소한 것 하나라도 마음에 들지 않으면 바로 표정이나 행동을 통해 자신의 불쾌감을 주변에 어필하는 식으로 말이죠. 하지만 이에 대한 흥미로운 사실은 진짜 예민한 사람들은 대부분 자신의 예민함을 겉으로 드러내지 않고 숨긴다는 사실입니다.

만약 땅의 고도가 바다의 고도보다 낮다면, 낮은 파도에도 물에 잠기고 마는 것처럼, HSP의 초감각도 이와 비슷합니다. 감각의 문턱이 워낙 낮기에 온갖 정보들이 물밀듯이 밀려들게 되고, 그 결과 범람하는 자극들에 압도당하곤 합니다. 회사나 학교, 일상생활 속에서 쏟아지는 온갖 자극들에 압도당한 채 기진맥진하며 집에 돌아온 HSP들에게 과연 남아 있는 에너지가 있을까요? 집에서는 보통 축 늘어진 파김치처럼 지내는 경우가 많고, 이를 지켜보는 사람들은 게으르다고 오해하기도 합니다. 하지만 실제로 그들은 그저 완전히 방전된 상태인 거죠.

사회적 동물로 진화해온 인류에게 관계 갈등이란 굉장한 스트레스 요인이고, 이는 HSP 또한 마찬가지입니다. 이들은 특히 관계에서 온갖 미묘한 뒤틀림까지 잡아내는 기가 막힌 안테나를 가지고 있어 관계 속 부대낌에서 실로 엄청난 자극의 유입과 스트레스를 느끼게 됩니다. 예를 들어 회사에서 나를 둘러싼 팀장과 선후배, 동료들의 감정선이 계속해서 내 감각 기관을 통해 인식된다고 상상해볼까요? 온갖 자극의 유입으로 이들의 자율신경계는 마치 '탕' 소리만을 기다리는 단거리 주자들의 하체처럼 잔뜩 긴장하게 되고, 하나의 갈등 거리라도 촉발되는 순간 잔뜩 달아올라 있던 HSP들의 신경은 깜짝깜짝 놀라게 됩니다. 이러한 긴장의 연속과 놀람은 심장에 무리를 가하게 되므로, 예민한 사람들에게 이 심장을 쥐어짜는 불편함은 굉장한 스트레스 요인으로 다가오게 되죠.

예민한 사람들이 경험할 수 있는 정신적 고통의 순위를 매긴다면, 바로 이 관계 갈등으로 인한 스트레스가 압도적 1위를 차지할 겁니다. 이는 시청각, 후각, 촉각, 미각적인 불편함이 주는 스트레스에 비할 바가 아닙니다. 일례로 층간 소음으로 괴로우면 참거나, 소음을 차단할 방법을 찾으면 되죠. 하지만 층간 소음을 해결하고자 윗집 사람들과 갈등을 빚게 되면 그 관계의 스트레스가 예민한 사람들에게는 훨씬 더 치명적인 피해를 줍니다. 고통의 크기를 따지자면, 손해에 따른 고통보다 갈등에 따른 고통이 훨씬 높기 때문에 HSP들은 언제든 발생할 수 있는 타인과의 갈등을 원천 차단하고자 손해를 감수하면서까지 참고 맞춰주면서 조용히 지낼 수밖에 없는 것입니다. 이것이 바로 HSP들이 지니는 '내향적 예민'의 정체입니다.

반면 누군가에게 손해에 따른 고통이 갈등에 따른 고통보다 훨씬 더 크다면 그들은 자신의 불편함을 없애기 위해 주변 사람들과 계속해서 부딪힐 겁니다. 다른 사람들과의 관계성보다 자신의 이득을 더 중시하는 것은 극단적으로 낮은 우호성을 지닌 사람들의 중심 특질이며, 이렇게 자기중심성이 강한 성격에 고 개방성(세상에 대한 열린 감각)과 고 신경성(스트레스에 대한 낮은 역치)까지 추가된다면, 바로 이러한 성향이 '외향적 예민'에 가장 가깝다고 볼 수 있습니다. 감각적이고 스트레스에 민감하면서도 자신이 입는 손해는 절대 견디지 못하는 성미를 지녔기에 손해를 볼 것 같은 상황이면 '나 지금 화났어', '나 지금 굉장히 예민해'라는 걸 만천하에 오픈하는 겁니다. 이들에게 예민함이란 감춰야 할 요소가 아니라 오히려 드러내야 할 요소에 가까운 거죠. 잔뜩 가시를 세우고 있으면, 거기에 찔리고 싶지 않은 사람들이 날 자극하지 않을 테고, 그럼 나는 자연스럽게 내 손익을 방어할 수 있을 테니까요.

　　이와 관련해 폴란드 실레지아(Silesia) 대학교 심리학자들이 재밌는 연구를 한 적이 있습니다. 사람들은 종종 원하는 것을 얻기 위해 자신의 예민함을 어필하곤 하는데, 과연 HSP들도 그러한지를 알아본 것입니다.

☑ 나는 종종 내 예민함으로 주변에 특혜를 요구하곤 한다.
☑ 내가 너무 예민하다는 것을 알기 때문에 사람들은 나를 특별한 방식으로 대한다.
☑ 내가 예민한 사람이라고 고백하면 사람들은 기꺼이 나를 돕는다.
☑ 나는 종종 내가 너무 예민해서 얼마나 힘든 삶을 살고 있는지 사람들에게 얘기한다.
☑ 나는 직장에서 실수했을 때 내 예민한 성격을 어필하면서 질책을 회피하곤 한다.

위 문항은 예민성 표출(signaling high sensitivity) 질문지의 일부입니다. 사람들이 평소 얼마나 자신의 예민성을 어필하고 있는지를 확인하는 문항이죠. 흥미롭게도 이러한 행동들과 초예민성 간 상관계수는 0이었습니다. 즉 HSP와 초예민성을 드러내는 행동 간에는 아무런 관련이 없었던 겁니다. 정작 초예민성을 드러내는 행동과 관련이 깊은 성격 요소는 따로 있었습니다. 바로 잠재적 나르시시즘과 잠재적 사이코패시 성향의 사람들이었죠.

연구에서 밝혀진 또 다른 점은, 예민함을 어필하는 행동은 원하는 것을 쟁취하기 위해 다른 사람들에게 접근하는 '행동 촉진 시스템'과 관련이 있지만, 정작 HSP들은 부정적 감정과 스트레스를 회피하기 위해 '행동 억제 시스템'을 사용하고 있다는 것입니다. 본인들의 초감각과 초감정으로 인해 다른 사람들과 얽히면서 받게 되는 마음의 상처와 에너지 소모가 너무 심하니 이들은 최대한 조용히 지내고자 하는 거죠. '괜히 일 키우지 말자', '나만 참고 넘어가면 괜찮을 거야', '모두가 좋게 좋게 지냈으면 좋겠어'라고 생각하면서 말이죠.

예민하다는 것은 이처럼 겉과 속의 괴리가 심한 성격 요소입니다. 진짜 예민한 사람들은 생존을 위해서라도 감히 자신의 예민성을 드러내지 못하므로, 겉으로 봤을 때 누가 봐도 예민하고 까탈스럽다고 여겨지는 행동을 하는 사람들은 자신의 안위를 위해 예민함을 하나의 도구로 사용하고 있거나, HSP가 더 이상 참지 못하고 폭발해 버린 경우, 둘 중 하나일 것입니다. 따라서 습관적으로 본인의 까탈스러움을 자주 어필하는 경우라면 HSP가 아닐 가능성이 굉장히 높다고 볼 수 있습니다.

예민한 사람이
반드시 은혜를 되갚는 이유

상호호혜성(reciprocity)이란 받은 만큼 되돌려주는 것을 의미합니다. '받은 만큼 돌려주는 건 당연한 거 아닌가?'라고 생각할지 모르겠지만, 살다 보면 의외로 받은 만큼 되돌려주는 사람이 많지 않다는 걸 알 수 있습니다. 되돌려주기는커녕 호의를 당연하게 생각하는 사람도 참 많습니다.

내가 호의를 베풀면 마치 핑퐁처럼 상대방도 내 호의를 받아서 돌려줘야 하는데, 어떤 사람은 호의를 받기만 하고 당최 돌려줄 생각이 없는 반면, 또 어떤 사람은 호의를 받으면 부담스러울 만큼 그 즉시 더 크게 보답해오기도 합니다. 바로 예민한 사람이 이러한 경우인데, 이번에는 이들이 왜 이렇게 상호호혜성을 철저하게 지킬 수밖에 없는지 알아보도록 하겠습니다.

양심적인 데다 책임감까지 투철한 사람들 ────

예민한 사람은 누구보다 감정에 대한 이해도 높고, 감정을 느끼는 수준 또한 상대적으로 깊다고 알려져 있습니다. 이들은 초감정이라는 특성이 있어 원치 않아도 주변인들의 감정선이 저절로 파악되고, 그들의 감정을 마치 내 것처럼 생생히 느끼게 됩니다. 특히 부정적인 감정일수록 더 강렬히 느끼게 되죠.

감정을 정확히 이해하고, 그러한 감정을 더 깊은 수준까지 느낄 수 있다는 것은 무엇을 의미할까요? 죄책감을 예로 들면, 예민한 사람들은 자신의 잘못에 대해 더 많이 자책하고, 계속해서 그 잘못을 곱씹는 경향이 있습니다. 이런 식으로 감정에 몰입하다 보면, 자신의 심연을 들여다보면서 각각의 감정들에 대해 더 잘 이해할 수 있게 되는 거죠. 작은 잘못에도 죄책감을 강하게 느끼는 이들은 죄책감이라는 감정이 주는 불쾌감이 너무나 크기 때문에 이런 감정이 들 만한 일을 최대한 하지 않으려고 노력합니다. 상대방에게 상처를 주면 오히려 그 죄책감으로 계속 괴로울 것을 알기에 애당초 사람들에게 싫은 말 자체를 하지 않는 거죠.

시카고대학교 부스경영대학원 연구팀은 '죄책감 경향성(guilt-proneness, 자신이 죄책감을 느낄 것이라는 점을 미리 예측하는 성향)'에 주목하며, 죄책감이 인간의 신뢰성을 결정하는 핵심 요소라고 밝힌 바 있습니다. 즉 죄책감 경향성이 높을수록, 자신의 행동으로 부정적인 사건이 벌어졌을 때 자신이 느낄 죄책감까지 고려하기에 자연스럽게 죄책감을 느낄 법한 행동을 하지 않게 된다는 거죠.

예민한 사람들이 양심적인 이유도 이 연장선상에서 설명할 수 있습니다. 앞서 말했듯 HSP들은 잘못에 대한 고통(죄책감)을 매우 강하게 느낍니다. 심한 경우 내가 도울수 있음에도 불구하고 아무것도 하지 않았다는 사실(방조 혹은 관망)에서조차 죄책감을 느끼는 경우도 많습니다. 따라서 이러한 불편함을 회피하기 위해서라도 최대한 양심적으로 행동할 수밖에 없는 거죠. 도덕적이기 때문에 양심적이라기보다는, 도덕적이지 않으면 불편하기 때문에 양심적인, 즉 자기방어적 양심이라고 볼 수 있습니다.

HSP들이 상대방에게는 오히려 같이 지내기 좋은 사람인 이유는 이러한 죄책감 경향성으로 인해 양심적일 뿐만 아니라, 투철한 상호호혜성 정신을 지니고 있어서 받은 만큼 또는 그 이상으로 보답할 줄 아는 사람들이기 때문입니다. 누군가에게 호의를 받으면 그 감사함을 되갚지 못했을 때 느껴지는 빚진 마음이 HSP들에게는 매우 큰 불편함으로 다가오기 때문에 한시라도 빨리 보답하고 싶어 합니다. 심지어 이러한 빚진 마음과 보답에 대한 부담감이 불편해서 아예 호의 받는 일 자체를 꺼리는 경향성까지 보이게 됩니다. 선물을 받으면 기쁜 마음보다는 어떻게 보답해야 할지 부담감부터 느끼는 거죠. 이러한 경향성으로 인해 그들은 상대방에게 부탁은 잘 못하지만, 다른 사람의 부탁은 굉장히 잘 들어줍니다.

　내가 부탁하면 귀찮아 하겠지? (죄책감 발동)
　내가 부탁을 거절하면 상대가 뻘쭘하겠지? (죄책감 발동)

　예민한 사람이 책임감이 투철한 것도 같은 맥락입니다. 성실해서 책임감이 강하다기보다는, 책임지지 못했을 때 받게 되는 스트레스가 너무나도 크기 때문에 그 반대급부로 굉장히 투철한 책임감을 지닐 수밖에 없는 것입니다. 따라서 예민한 사람에게 일을 맡겨 놓으면 그가 얼마나 성실한 사람인지와는 상관없이 대부분 깔끔하게 일이 처리되는 것을 경험할 수 있습니다. 일을 제대로 해내지 못했을 때 겪게 될 고통을 자신이 너무나 잘 알고 있기 때문에 이를 회피하기 위해서라도 열심히 할 수밖에 없는 거죠.

다만 이러한 고통을 회피하기 위한 책임감은 자신이 책임지지 못했을 때 다른 사람에게 피해가 가는 상황에서만 작동합니다. 예를 들어 예민한 사람이 그룹 과제를 한다면, 조원들에게 피해를 주지 않기 위해서라도 자신의 역할에 최선을 다하는 경향이 있지만, 개인 과제를 할 때는 노력의 정도가 달라집니다. 결과가 안 좋아도 나 하나만 기분 상하면 되는 문제이기에 상황적인 압박감이 훨씬 덜하기 때문이죠.

이러한 이유로 게으른 유형의 HSP들은 그나마 일을 더 열심히 하기 위해서는 프리랜서보다는 조직 생활이 더 생산적일 수 있습니다. 물론 마음의 평화를 위해서는 프리랜서가 훨씬 더 바람직하겠지만, 게으른 HSP들은 상대방에게 민폐가 될까 염려하지 않아도 되는 자유로운 상황에서는 한없이 더 게을러질 수 있기 때문이죠. 또한 이제껏 조직 생활을 열심히 해온 HSP가 자신의 성실성을 과대평가하면서 프리랜서나 개인 사업에 섣불리 뛰어드는 일도 조심해야 합니다. 일하면서 이제까지 해왔던 노력이 타고난 성실성 덕분인지, 아니면 고통을 회피하기 위한 책임감에서 발로한 것인지는 확신하기 힘든 문제니까요. 만일 후자의 상황이라면, 혼자 일하더라도 책임감의 대상이 될 누군가를 마음속으로 선정하는 과정이 필요할 수 있습니다.

이처럼 남의 감정 잘 헤아릴 줄 알고, 죄짓는 일에 질색하며, 양심적인 데다 책임감까지 투철한 사람들. 남들보다 심적인 고통을 몇 배는 더 느끼기에 아프지 않으려고 불철주야 노력하는 깨지기 쉬운 당신. 매우 예민하다는 것이 의미하는 바는, 그게 나뿐만이 아니라 다른 사람들의 감정에까지 민감하다는 것을 뜻하므로 예민하다는 말이 지닌 부정적 뉘앙스와는 다르게 사실은 이들이 굉장한 팀 플레이어임을 세상이 더 많이 알아주면 좋겠습니다.

나의 깊은 생각이
독이 되지 않으려면

칼 구스타브 융(Carl Gustav Jung)에 따르면, 외향형은 에너지가 외부로 발산되고, 내향형은 내부로 수렴되는 성격입니다. 외향형은 외부 세계에 존재하는 각종 자극적인 것들에 호기심을 갖는 반면, 내향형은 머릿속에 존재하는 다양한 생각거리들에 호기심을 갖습니다. 그래서 외향형은 상대적으로 직접적인 경험을 많이 하게 됩니다. 사람들과 직접 어울리면서 얘기하고, 직접 가서 보고 듣고, 직접 부딪혀보고… 일종의 '행동주의'라고 볼 수 있죠. 반면 내향형은 상대적으로 간접 경험에 익숙합니다. 책을 읽거나, 영화나 드라마를 보고, 웹 서핑을 하면서 머릿속 시뮬레이션을 통해 끊임없이 나만의 내면세계를 구축해갑니다. 일종의 '사고주의'라고 볼 수 있습니다.

내향형은 이러한 내면지향성으로 인해 자아성찰이나

과잉분석(over-analyzing) 등에 익숙해집니다. 그로 인해 생각이 깊다는 장점도 있지만, 초예민성이라는 기질과 만나면 치명적인 단점으로 작용할 때도 있습니다. 부정적인 생각을 할 때도 더 많이, 더 깊게 빠져들기 때문입니다.

이러한 양상은 특히 관계에서 도드라지게 나타납니다. 내향형은 혼자서 생각하고 판단하는 것에 너무 익숙한 나머지, 인간관계에서 부딪히는 문제들 역시 쌍방향 소통보다는 일방적인 시뮬레이션을 통해 가늠하려는 패턴을 보입니다. 즉 관계에서 생각이 너무 많은 거죠.

인간관계가 흥미로운 점은 사람들은 성격도, 성향도 제각각 다 다르기 때문에 직접 보고, 듣고, 대화를 해봐야 그 사람의 진의를 파악할 수 있다는 점입니다. 또한 관계를 맺다 보면 상대의 연락이 뜸하다거나, 메시지의 말투가 딱딱하게 느껴지는 등 애매한 상황들을 많이 겪게 됩니다. 그런데 이렇게 애매하면서 조금이라도 부정적으로 해석할 여지가 있는 상황에 맞닥뜨리면, 내향형들은 동굴 속으로 파고들면서 부정적인 쪽으로 생각을 집중시키는 경향이 있습니다. 상대가 왜 그런 말이나 행동을 했는지 직접 확인하면 간단한 일인데 이러한 직접적인 행동은 내향형에게는 무척 어려운 일입니다. 비대면 상황, 시뮬레이션, 가정이나 추리 등에 너무 익숙한 나머지 문제가 닥치면 자신에게 편한 일방적 사고방식에만 의존하기 때문입니다.

이러한 성향은 내향형이면서 예민한, 즉 내향적인 HSP들에게는 더욱 두드러지게 나타나는 특성입니다. 부정적인 생각에서 좀처럼 벗어나지 못하는 것은 정신 건강의 측면에서 매우 바람직하지 못한 현상입니다. 가령 부정적인 쪽으로 계속해서 파고들다 보면 때로 실제 상황보다 훨씬 안 좋은 쪽으로 확대 해석하기도 합니다.

문제는 이 모든 게 실제가 아니라, 단지 내향적인 HSP들의 머릿속에서 벌어지고 있는 일들이라는 겁니다. 자신만의 동굴 속에 틀어박힌 채 머리를 감싸 쥐고 스스로 만든 어둠 속에서 사투하는 모습이랄까요? 비유하자면, 내향적인 HSP들의 내면은 저수지와 같습니다. 넓고 깊은 마음에 굉장히 많은 것을 담고 있지만, 태생적으로 고여있는 물이기에 조금만 오염이 되어도 수질이 안 좋아져 급속도로 상황이 악화되고 말죠.

반면 외향형의 내면은 흐르는 냇물과도 같습니다. 여러 갈래로 흩어졌다가 다른 물들과 합쳐지기도 하고, 이런 식으로 끊임없이 변화하며 흘러가기 때문에 자연스럽게 자정 작용이 이루어집니다. 고여 있지 않기에 내면이 계속해서 리프레쉬 될 수 있는 거죠.

내향적인 HSP들의 이 저수지 같은 내면에 부정적인 생각과 감정이 쌓이면 내면의 응어리와 초예민성이 만나 스파크를 일으키며 마음이 점점 더 괴롭고 피폐해질 수밖에 없습니다. 내향형의 에너지는 내부로 수렴되는 패턴이므로, 그 에너지를 받아 부정적인 생각들이 계속해서 확대 생산되기 때문입니다. 부정적인 생각들이 고일 대로 고여서 썩어버리면, 초예민성이 바통을 이어받아 그 괴로운 마음을 한층 더 악화시키는 것이죠.

힘들 때, 짜증 날 때, 괴로울 때, 잠시라도 마치 외향형인 것처럼 행동해보는 것은 내향적인 HSP들에게 큰 도움이 됩니다. 막아놨던 댐의 수문을 열고 고여 있던 물을 방류한다고 생각해보세요. 좋아하는 카페에 가거나 친구와 만나 수다 떨거나 등산이나 여행을 하는 등 에너지의 흐름을 전환시켜 외부로 발산하는 겁니다. 물론 마음이 힘들 때일수록 쉽지 않을 겁니다. 더, 더, 더 동굴 속으로 파고 들어가고 싶어질 겁니다. 하지만 그럴 때일수록 더더욱 '나의 내면은 썩어가고 있어. 리프레쉬가 필요해'라고 스스로에게 알려줄 수 있어야 합니다. 인위적으로라도 내면의 저수지를 새롭게 물갈이해야만 합니다. 또한 자신의 깊은 생각이 독이 되지 않으려면, 혼자 생각하고 혼자 마침표를 찍는 습관과 이별해야 합니다.

자신이 충분히 할 수 있을 만한 외향적인 행동들을 평소에 리스트업해놓고, 부정적인 쪽으로 생각이 기우는 것 같다고 느껴질 때면 리스트에 있는 항목들을 하나씩 실천해보세요. 내향형의 동굴이 안락하긴 하지만 사람이 햇볕을 받지 않으면 살 수 없듯이, 주기적으로 한 번씩은 속세로 뛰쳐나와 리프레쉬를 하고, 마음을 물갈이하고 나면 내향적인 HSP들의 내면은 다시금 원래의 청정한 모습을 찾고 많은 것들을 담을 수 있는 상태로 만들 수 있습니다.

사람이 좋아 더 힘든
'외향적인 HSP'

저는 확실히 외향형인데 혼자 있는 시간도 꼭 필요해요. 그럴 때는 내향형인가 싶기도 한데 이런 건 어떤 성격인가요?

성격에 대해 강의하거나 상담할 때 정말 많이 받는 질문입니다. 결론부터 말하자면 외향형입니다. 외향형은 외향형인데, '매우 예민한 외향인'인 것이죠.

예민한 성격은 반드시 쉽게 지치는 특성을 동반합니다. IT 기기에 비유하자면, 성능 좋은 스마트폰일수록 더 많은 데이터 처리를 위해 고용량의 배터리가 필요하듯 HSP들 또한 끊임없이 쏟아져 들어오는 정보들을 처리하느라 정신력, 즉 내면의 배터리가 금방 닳아버리기 십상입니다. 남들보다 쉽게 피곤해지고, 금세 지쳐버리는 거죠.

내향-외향과 예민성은 서로 다른 카테고리로 얼마든지 조합이 가능합니다. 인구통계학적으로 HSP 중 내향과 외향의 비율은 7 대 3으로 알려져 있습니다. HSP들이 전체 인구 중 16퍼센트 정도라고 하니, 전체 인구의 5퍼센트 내외는 매우 예민한 동시에 외향적인 성격을 지녔다고 볼 수 있습니다.

외향적인 HSP들의 특징은 신나게 놀고 싶어도 금방 지쳐버리기 때문에 반드시 충전의 시간을 가져야만 하는 모순적 기질을 지니고 있다는 점입니다. 즉 나가서 노는 것도 에너지가 있어야 가능한 활동이라는 거죠. 이 에너지 문제만 해결할 수 있다면 그들의 초예민성은 인간관계에서 매끄러운 윤활유가 되기도 합니다. 예민한 기질에는 기본적으로 뛰어난 감각과 센스가 바탕이 되니 사람들과 어울리기 좋아하는 외향인들에게 초예민성이라는 기질은 내가 좋아하는 사람들과 더 즐겁게 어울릴 수 있도록 돕는 사회적 기술들을 선사해줍니다. 다만 앞서 언급했듯 고효율에는 반드시 고용량의 에너지 소모가 뒤따르므로 일장일단이 있다고 볼 수 있겠죠.

사실 인간관계에서 예민한 사람들의 센스는 동전의 양

면과도 같습니다. 잘 맞는 사람들 사이에서는 초감각이 엄청난 센스로 발휘되지만, 잘 안 맞는 사람들 사이에서는 굳이 알고 싶지 않은 온갖 부정적 정보들의 홍수에 시달리게 하는 원흉이 되기도 하니까요.

내향적인 HSP들은 어차피 관계가 한정적이기 때문에 자극의 유입을 어느 정도 통제할 수 있지만, 외향적인 HSP들은 심신이 버텨내지 못할 만큼 엄청난 양의 자극을 감당해야 하며, 그에 따른 에너지 소모 또한 막대한 수준에 이릅니다. 이들은 사람에게서 즐거움을 얻기 때문에 자연스럽게 양적인 인간관계를 추구하게 되는데, 안타까운 건 본인들이 지닌 초예민성으로 인해 수많은 갈등 요소 또한 폭발적인 스트레스로 다가온다는 점입니다. 다양한 관계들과 넘쳐나는 정보들 사이에 표류하는 와중에 관계 속에서 미묘하게 드러나는 온갖 부정적인 단서(cue)들까지 모조리 감지된다고 상상해보세요. 특히 나와 잘 맞지 않는 사람들이 많은 부정적인 환경에 있는 외향적인 HSP라면 각종 부정적 자극에 무방비로 노출된 결과, 사람과 관계에 대한 회복탄력성이 좀처럼 회복하기 어려운, 마치 축 늘어져 탄성이 사라진 스프링처럼 되고 맙니다.

살면서 좋은 사람만 만나면 좋겠지만, 관계를 맺다 보

면 나쁜 사람도 당연히 걸리기 마련입니다. 이때 예민한 성격일수록 관계에서 오는 스트레스를 감당하기가 매우 힘들어집니다. 예민한 사람들은 스트레스의 역치가 굉장히 낮기 때문에 다른 사람에게는 평범해 보이는 사람도 HSP들에게는 상당히 신경 거슬리게 하는 사람일 수 있습니다. 즉 이들의 눈에는 자신을 불편하게 만드는 주관적 빌런들이 상대적으로 더 많아 보이는 거죠. 결국 외향적인 HSP들은 인간관계를 점차 멀리하게 되면서 시간이 지날수록 외향성 수치도 점점 떨어지게 됩니다. 남들이 봤을 때는 그저 타고난 극 내향의 집순이, 집돌이처럼 보일 수도 있지만, 이는 초예민성으로 인해 그들이 본래 지닌 외향성이 힘을 잃게 되면서 나타나는 결과적 모습, 후천적 내향성에 가깝다고 볼 수 있습니다.

그렇다면 외향적인 HSP들은 어떻게 살아야 할까요? 우선 자신의 성격에 대해 정확히 인지하는 게 무엇보다 중요합니다. 그리고 질 높은 인간관계를 지향하되, 주변 환경과 인간관계를 항상 정리 정돈 할 필요가 있습니다. 관계는 상호작용이므로, 내가 아무리 잘한다고 한들 상대방이 엇나가버리면 갈등이 생길 수밖에 없습니다. 따라서 통제 영역을 벗어난 관계는 내 삶에서 덜어내고, 상대적으로 통제 가능한 다른 경험들에 비중을 싣는 게 좋습니다. 문화, 예술 등의 취미생활을 누리면서 에너지를 충전하고, 불필요한 관계에서 오는 스트레스는 철저하게 차단하는 거죠.

HSP들에게 잘 안 맞는 사람들은 에너지 날강도나 다를 바 없기에 최대한 빨리 관계를 정리할수록 좋습니다. 또한 주기적으로 혼자 있는 시간을 보내면서 반드시 휴식을 취해줘야겠죠. 아무런 자극이 없는 무자극의 공간 속에서 시뻘겋게 달궈진 나의 감각 기관을 달래 줄 필요가 있으니까요.

선택적 관계와 풍성한 취미 그리고 의무적 휴식, 이 세 가지만 기억한다면 외향적인 HSP의 삶의 질은 충분히 안정적으로 유지될 수 있습니다.

예민한 사람이
무던해 보이는 이유

'예민한 성격'은 참 재미있습니다. 사람들이 말하는 통상적인 정의와 심리학에서 규정하는 학문적 정의가 완전히 다르기 때문이죠. 우리가 흔히 누군가를 예민하다고 할 때 그 사람의 행동을 보고 그렇게 평가하는 경향이 있습니다. 즉 예민한 '행동'을 하는 사람이라는 거죠. 이를테면, 내가 볼 때는 별것도 아닌데, 그것에 대해 불평불만을 늘어놓는다거나, 수정해달라고 요구한다거나 하는 식으로 말이죠.

반면 성격심리학에서 정의하는 예민함이란 감각적 예민을 뜻합니다. 즉 예민한 '감각'을 지닌 사람이라는 거죠. 이 둘의 차이가 뭘까요? 예민한 '행동'의 동기는 전적으로 자신의 불편함을 해소하고자 하는 데 있습니다. 반면 감각적으로 예민한 사람은 나뿐만 아니라, 타인이 느끼는 불편함에도 굉장히 민감하게 반응하기 때문에 오로지 내 편의를 위해서만 행동할 수 없습니다. 따라서 내가 어떠한 행동을 했을 때, 내 편의보다 상대방의 불편함이 더 클 것 같다면, 자신이 아무리 불편하더라도 그냥 참고 마는 습성이 있습니다. 그렇기에 남들이 불편함을 느낄 만한 행동, 즉 자신의 예민함을 어필하는 행동도 좀처럼 하지 않습니다.

예민한 행동과 예민한 감각은 다르다 ————

예민한 행동과 예민한 감각은 반드시 구분할 필요가 있습니다. 오히려 HSP들은 예민한 행동을 거의 하지 않는 경향이 있습니다. 예민한 건 그들의 감각이고, 그들의 내면일 뿐이죠. 따라서 겉으로 보이는 모습만으로 상대방이 얼마나 예민한 성격을 지니고 있는가를 판단하기는 굉장히 어렵습니다.

예민한 사람은 상대방의 감정도 고스란히 느끼고, 상대방이 조금이라도 불편해하면 자신이 더 불편해지니, 조금이라도 남에게 폐가 될 것 같은 행동은 강박적으로 꺼리기 때문입니다. 그래서 예민한 감각을 지닌 사람이 오히려 겉으로 봤을 때는 잘 웃고, 그저 순둥순둥하게만 보이는 경우가 굉장히 많습니다. 특히 HSP들은 자신의 예민함을 거의 표출하지 않기 때문에 실제 자신과 보이는 모습 사이의 간극이 굉장히 크다는 점이 특징입니다.

그런데 이들이 표출하지 않는 건 비단 예민함뿐만이 아닙니다. 이들은 감정을 표출하는 일 또한 굉장히 어색해하는 경향이 있습니다. 때로는 그 정도가 심해서 오히려 무감정해 보일 정도로 말이죠. 초감각으로 인해 감정 또한 굉장히 깊고 강렬하게 느끼는 경향이 있는 이들이 자신의 감정을 표출하는 데는 왜 이렇게 인색한 걸까요?

예민한 사람들의 특징 중 하나가 '감정 과몰입'입니다. 심리학에서는 주로 '압도된다(overwhelmed)'라고 표현합니다. 누군가와 갈등을 겪을 때 이들의 내면은 보통 사람들보다 훨씬 더 감정적으로 들끓게 됩니다. 예를 들어 예민한 사람과 평범한 사람이 커플이라면, 평범한 사람은 별일 아니라고 생각할 수 있는 상황도 예민한 사람은 감정적으로 굉장히 격앙될 수 있습니다. 아이들이 정작 큰 사고를 쳤을 때나 정말 괴로운 일은 부모에게 잘 털어놓지 못하듯이, 어른들도 자신이 다루기 벅찬 감정들은 쉽사리

밖으로 꺼내 놓지 못합니다. 나조차도 어떻게 해석해야 할지, 어떻게 해소해야 할지 감이 안 잡히는, 도저히 정리 되지 않는 나의 이 거대한 감정을 어떻게 남들에게 표현할 수 있을까요?

만약 별일 아니라고 생각할 수 있다면, 얼마든지 내 속을 상대방과 공유할 수 있겠죠. 하지만 내 안에서는 지금이 감정이 너무나도 격하게 끓어오르고 있기 때문에, 내 마음이 이렇다는 것을 상대방이 알면 더 큰 일이 벌어질 수도 있겠다는 부정적인 생각이 자꾸만 드는 겁니다. 예를 들어 HSP가 상대방의 사소한 행동 하나로 인해 기분이 상했는데, 이 감정을 상대방에게 이야기하면 내가 속좁은 사람이 되거나, 상대방이 상처받고 화를 내거나 하는 상황이 벌어질 것만 같은 거죠. 즉 예민한 사람들은 갈등 상황에서 매 순간을 마치 절체절명의 위기처럼 느낀다는 겁니다. 그 거대한 감정에 이미 압도돼 버렸으니까요. 도저히 다루기 힘든 감정들이 나의 내면을 잔뜩 휘감고 있기 때문에 차라리 그 감정들을 봉인하고, 절대 밖으로 꺼내 놓지 않는 것이죠. 이것이 바로 HSP들이 때때로 입을 꾹 닫은 채 무감정한 사람처럼 구는 이유입니다.

인간에게는 다른 사람들도 모두 다 나와 같이 느낄 거

라고 생각하는 습성이 있습니다. 심리학에서는 이를 '거짓 합치성 편향(false consensus bias)'이라고 부릅니다. 자신의 의견이나 신념이 실제보다 더 보편적일 거라 착각하는 현상을 말합니다.

남들도 다 그래.
이렇게 생각하는 게 당연한 거 아냐?
다들 나처럼 생각할 거야.

예민한 사람들 또한 마찬가지입니다. 예민한 사람들은 자신이 감정에 압도당할 때, 상대방 또한 나처럼 그 감정에 압도될 것이라 예상합니다. 그래서 괴로워 미치겠는 자신의 감정을 상대방에게 오픈하면, 상황이 훨씬 더 나빠질 것만 같은 거죠. 그래서 아무런 말도, 아무런 감정 표현도 없이 그저 입을 꾹 닫고, 나의 내면이 잠잠해지기만을 기약 없이 기다리는 것입니다. 그들은 관계에서 공통되게, 꽤 자주 이런 생각을 합니다.

내가 지금 이런 마음이라는 건 절대 말할 수 없어.
괜히 말했다가는 분명 더 큰 스트레스가 생길 거야.

다시 한번 강조하지만, 이들은 너무나도 민감한 감각을 지니고 있기 때문에 보통 사람들이 봤을 때는 별것 아닌 일에도 큰 불편함을 느낄 수 있습니다. 스트레스나 불쾌감에 대한 역치가 매우 낮기 때문이죠. 상대방의 사소한 말투나 행동, 습관, 냄새 등이 이들을 너무 힘들게 하는데, 상대방에게는 "너의 이런 점이 너무 불편해"라고 도저히 말을 못 하는 거죠. 이걸 말하면, 상대방 또한 자신이 느꼈던 것처럼 불편한 감정에 압도될 것 같으니까. 그렇게 되면 나의 불편한 감정에 더해 상대방의 불편함까지 추가로 감당해야 할 테니까.

예민한 사람들의 인간관계가 좀 더 편해지려면 어떻게 해야 할까요? 일차적으로는 HSP들 스스로 '내가 너무 예민해서 과도하게 스트레스를 받는 거다'라고 인지해야 합니다. 같은 상황에서 상대방이 내가 아니라 다른 사람과 함께 있었다면, 애당초 겪지 않아도 될 갈등일 수도 있는 거죠.

이차적으로는 HSP들이 자신의 과민함을 조금 더 수용하고 감정 관리에 만전을 기할 필요가 있습니다. 상대방 때문에 기분이 너무 나쁘다면, 내가 지금 과열된 상태라는 걸 인지하고, 신속히 몸과 마음의 긴장을 풀어줘야 합니다. 이 거대한 감정이 진짜 현실이라고 생각하지 말고, 내 예민한 감각이 만들어낸 왜곡된 현실이라고 생각하는 것이죠. 따라서 예민한 사람들은 명상이나 호흡, 운동 등 반드시 자신만의 감정 조절 루틴이 있어야 합니다.

마지막으로 가까운 사람 중에 예민한 사람이 있다면, 그들이 입을 꾹 닫고 있을 때는 아무리 답답하더라도 그냥 내버려 두는 게 좋습니다. 이건 답이 없습니다. 하느님, 부처님이 와도 그들의 입은 절대 열 수 없을 테니까요. 억울할 수도 있을 겁니다. 무던한 사람인 줄로만 알았는데 사실은 이렇게나 예민한 사람이었을 줄이야. 하지만 관계란 게 좋을 때도 있고 나쁠 때도 있는 법이죠. 예민한 사람들 때문에 답답하고 속상할 때도 있겠지만, 예민한 사람들의 배려 덕분에 편안하고, 기분 좋은 날들도 많았을 테니까요.

이처럼 예민한 사람은 자신이 HSP라는 것을 자각하고, 그 특성을 잘 이해할 수 있어야 합니다. 또한 자신이 예민한 사람이라는 걸 주변 사람에게 알려줄 필요가 있습니다. 나도, 상대방도 최소한 이 사람이 예민한 성격이라 이렇게 행동한다는 것을 알고 나면, 조금이라도 마음이 편해지기 마련이니까요. 일단 뭐든지 그 정체를 알아야 대처를 세울 수 있는 법이죠.

예민한 사람들의 인간관계 특징과 대처법에 대해서는 뒤의 2장에서 좀 더 자세히 살펴보도록 하겠습니다.

나이를 들수록
더 예민해지는 게 정상이다

대학생 때 학회 일로 간판을 만든 적이 있었는데, 난생처음 해보는 일이라 진행 과정에서 시행착오를 좀 겪었습니다. 그리고 그날 평상시처럼 집에 가는 버스를 타고 멍하니 창밖을 바라보고 있었는데 평소에는 눈에 띄지 않던 간판 가게들이 계속 눈에 들어오더라고요. 항상 지나던 길이었는데 유독 그날따라 제 눈에 잘 띄었던 거죠.

심리학에서는 이를 '점화 효과(priming effect)'라고 합니다. 이전 자극이 이후 자극에 영향을 미치는 것으로, 이전에 겪었던 경험들이 이후 겪게 될 일들의 지각이나 해석에 영향을 미치는 현상을 의미합니다. 당시 제 머릿속에는 간판 생각들로 꽉 차 있었기 때문에 점화 효과로 창밖 풍경들 속에서 유독 간판 가게에 대한 지각이 선별적으로 이루어졌던 것이죠.

점화 효과와 위협에 대한 본능적 감각 ─────

이러한 점화 효과는 잠재의식 속에서 자동반사적으로 이루어지기 때문에 일평생 우리의 태도와 행동에 은밀하게 영향을 미치곤 합니다. 가령 학창 시절 동안 교우 관계로 인해 지속적인 스트레스를 경험한 사람이라면, 앞으로의 관계들은 그 시절의 경험들로 인해 자신도 모르는 사이 부정적인 방향으로 점화돼 버리는 겁니다.

점화 효과는 우리의 일상에 꽤 자주 등장합니다. 상업 광고가 노리는 일차적인 효과도 바로 이 점화 효과에 있습니다. 예를 들어 한 주말 드라마에서 남자주인공이 가정적인 캐릭터로 인기를 끌고 있다면, 가전제품 회사들은 그 주말 드라마에 자신들의 상품을 광고하고자 경쟁할 겁니다. 남자주인공에 대한 호감이 점화돼 있을 때 이 남자주인공을 모델로 내세운 광고를 보면 제품에까지 그 호감이 전이될 수 있기 때문이죠.

어렸을 때부터 경쟁에 시달리며 자라온 사람들은 날이 갈수록 세상이 팍팍하다고 느낄 수 있습니다. 같은 반 친구도 한 명의 경쟁자로 느끼며 자라온 환경에서는 훨씬 더 예민해질 수밖에 없고, 자신의 이득과 손해를 민감하게 따지게 되며, 공정한 경쟁에 위배되는 불합리한 장면을 목격하면 분노를 느끼게 되죠. 점화 효과로 인해 사회를 바라볼 때도 경쟁, 적자생존, 약육강식… 이렇게 극단적인 관점을 갖게 됩니다.

이처럼 머릿속이 부정적인 생각들로 채워지면, 실제로 안 좋은 일이 벌어졌을 때 '거봐, 그럴 줄 알았어'와 같은 염세적인 반응이 나오기 쉽습니다. 점화 효과로 인해 나의 태도나 행동에 이미 선입견이 생겨버렸기 때문이죠. 따라서 점점 내가 보고자 하는 것만 보고, 판단을 내리기 애매한 상황에서도 잠재의식 속에서는 이미 점화된 방향으로 해석하기 때문에 편향적 사고가 일어날 가능성이 커집니다. 결국 굴곡이 심하고 감정적 소모가 많은 인생을 살아온 사람일수록 앞으로의 인생을 대비할 때 이전보다 너 예민하게 반응할 수밖에 없는 것입니다. 점화 효과로 인한 선입견의 강화, 이것이 바로 예민한 사람이 나이가 들수록 점점 더 예민해질 수밖에 없는 이유 중 하나입니다.

한편 인간의 성격을 이루는 근간에서 가장 중요한 부분은 바로 '위협에 대한 인지'입니다. 현대 문명이 개화된 이

후의 시간은 인류의 기나긴 역사에 비하면 극히 짧은 순간에 불과하므로, 현대 인류의 뇌는 구석기 인류의 뇌에서 크게 달라지지 않았고, 이 말은 곧 우리의 뇌는 여전히 구석기 시대에 적합한 방향으로 반응한다는 의미입니다. 구석기 인류에게 가장 중요한 문제는 말 그대로 죽고 사는 문제였죠. 즉 생존이 가장 중차대한 문제였기에 위협에 대한 본능적인 감각이 뛰어났던 일부 조상들은 월등한 기량의 '위험 회피력'을 통해 무난히 생존에 성공하며 그들의 민감한 레이더 같은 DNA를 후손에게 대대손손 물려줄 수 있었습니다.

이렇듯 예민한 성격은 원래대로라면 열악한 환경에서 개체의 생존력을 극한까지 끌어올려 주는 우성 인자에 가까운 요인이었습니다. 하지만 문제는 현대인들의 환경은 그때와는 비할 수 없이 안정적이고 풍요롭다는 겁니다. 즉 더 이상 생존에 민감할 필요가 없어졌다는 것이고, 그렇다는 것은 예민한 성격을 가진 것이 더 이상 유리한 시대가 아니라는 거죠. 오히려 요즘에는 예민한 기질을 가진 것이 독이 되기도 합니다. 육체적 생존이 보장된 지극히 안전한 환경에서 쓸데없이 주변의 위협 요인들에 대해 날을 세우고 있는 형편인지라, 보통 사람들은 그냥 넘어갈 사소한 자극에도 굳이 신경을 곤두세우며 사서 스트레스를 받는 형국이랄까요?

하지만 HSP들은 나이가 들수록 이렇게 시도 때도 없이 경보를 울려대는 것, 즉 예민함을 표출하는 게 결국 나와 내 주변 사람들을 힘들게 할 뿐이라는 걸 깨닫게 되면서 외부로 울려 퍼지는 경고음 버튼만 의도적으로 꺼놓게 됩니다. 위협을 인지하더라도 그것을 표출하지 않으려 하는 것이죠. 그래서 예민한 사람들은 갈수록 점점 더 둔감한 모습을 보이게 됩니다. 괜히 말 꺼냈다가 '네가 너무 예민해서 그래'라는 말을 듣거나, 괜한 갈등이 생겨 도리어 내 마음만 더 안 좋아질 바에야 차라리 아무 소리 않고 둔감한 척 지내는 게 낫다는 걸 살면서 충분히 학습한 거죠.

내가 너무 나약한 걸까? 아니면 내가 처한 상황이 그만큼 거지 같은 걸까?

내가 너무 예민해서 그런가? 다른 사람들은 진짜 아무렇지 않나?

왜 나만 늘 이렇게 힘들지?

예민한 사람들이 자주 하는 생각입니다. 자신은 너무

힘든데 나의 힘듦을 사람들이 제대로 공감해주지 않으니 계속해서 이런 의문이 생기는 것이죠. 위협에 대한 본능적인 감각이 날카롭다는 것은, 위협을 감지할 때 느끼는 스트레스 수준이 그만큼 크다는 것을 말합니다. 조금만 상황이 안 좋아져도 그 즉시 스트레스에 대한 신체적 반응이 일어나고, 그 반응을 근거로 사소한 위협 상황들까지도 회피해나갈 수 있게 되는 것이죠. 다시 말해 예민하다는 것은 '위협적인 상황'에서 그만큼 고통을 강하게 느끼는 성격 특성입니다.

내가 나약한가? (X)

객관적으로 안 좋은 상황인 건가? (O)

내가 스트레스 반응성이 강한가? (O)

인간은 고통을 겪으면 그 고통을 다시 겪지 않기 위해 일련의 상황들을 더 잘 기억하고 집중하는 경향이 있습니다. 일종의 학습이죠. 예민한 사람들은 위협 상황에서 남들보다 더 큰 고통을 겪기 때문에 위협 상황들에 대한 학습이 상대적으로 더 돼 있고, 이러한 학습을 기반으로 한 번 겪어본 위협 상황들을 사전에 더 잘 회피할 수 있게 됩니다. 따라서 예민할수록 똑같은 잘못을 또 저지르는 실수를 거의 하지 않으며, 평소에 하지 말아야 할 '낫 투 두 리스트(Not to do list)'가 많은 편이죠. 자신의 실수로 스트레스를 받은 경험이 있다면, 예민한 사람들은 특히 그러한 실수를 두 번 다시 반복하지 않으려고 매우 조심합니다. 즉 살아갈수록 하지 말아야 할 일, 조심해야 할 일, 회피해야 할 일이 늘어나기 때문에 신경 쓸 일도 많아지고, 그에 따라 자연스럽게 행동반경도 좁아지게 됩니다. 인간관계가 줄어드는 건 당연지사입니다. 나이가 들수록 지뢰가 있는 곳에 대한 정보가 많아지고, 그에 따라 피해야 할 지뢰밭의 면적은 나날이 넓어져만 가는 거죠. 주변에 산적한 지뢰를 밟지 않으려고 매번 신경을 곤두세울 수밖에 없으므로 점점 더 예민해질 수밖에 없는 것입니다.

예민한 사람들이 그나마 둔감해지기 위해서는 우호적인 환경에서 불필요한 자극을 최대한 적게 받으며 사는 수밖에 없습니다. 우호적이고 통제하기 쉬운 환경을 조성하려면 환경적으로 미니멀리스트가 되는 것이 최선입니다. 인간관계뿐만 아니라, 커리어나 돈, 명예와 같은 자아실현의 측면에서도 최대한 야심을 내려놓을수록 좋습니다. 열심히 사는 것도 물론 좋지만, 뭔가를 쟁취하고자 아득바득 살다 보면 필연적으로 불필요한 자극들에 휩쓸릴 일이 많아지며, 이러한 진취적 태도는 예민한 성격이 지니는 위험-회피 패턴과 계속해서 충돌할 수밖에 없습니다. 더욱이 성과 중심의 한국 사회에서 HSP로서 남들과 경쟁하며 사는 삶이란 하루하루가 고비인 날들일 겁니다.

하지만 모두가 같은 곳을 바라볼 필요는 없습니다. 각자 자신에게 맞는 삶의 방식은 따로 있습니다. 주도적으로 나만의 인생을 추구하기 위해서는 남들처럼 살지 않아도 된다는 신념과 용기가 있어야 합니다. 그래서 저는 예민한 사람들에게 세상이 정한 기준에서 벗어나 자신만의 주관과 행복의 기준을 갖고 그 안에서 자유롭게 살아갈 것을 권하고 싶습니다. 내 마음의 평안과 행복이 곧 인생의 절대적인 진리니까요.

언젠가부터
자꾸 욱하게 된다면

제가 원래 안 그랬는데 점점 더 성격이 나빠지는 것 같아
요. 예전에는 그냥 넘어갔을 일들에도 짜증이 치미는데
컨트롤하기가 너무 힘들어요.

상담할 때 꽤 자주 듣는 이야기입니다. 사실 심리학에
서는 성격을 고정 변인으로 간주하는 경향이 있습니다.
즉 변하기 어려운 요인이라는 거죠. 예를 들어 온화한 성
격이라면, 성격심리학적으로 '고 우호성'과 '저 신경성'의
조합이라고 볼 수 있습니다. 타고나기를 타인에게 우호적
이면서 스트레스에 둔감하고 태평한 성격으로 태어난 거
죠. 이는 선천적 기질이기에 그 사람의 삶에서 강력한 영
향력을 발휘하지만, 후천적으로 어떠한 삶을 살았는가
에 따라 본래 가진 기질과는 다른 방향으로 성향이 조형

될 가능성 역시 존재합니다. 하지만 타고난 기질을 거스를 만큼 극단적인 환경(극 외향의 기질인데 침묵 수행을 해야 하는 수도원에서 자라는 등)에 처하지 않는 이상 통상적으로 선천적 기질에 후천적 성향이 더해진 성격은 좀처럼 변하기 힘들다는 것입니다. 하지만 기질이 변한다면 이야기가 달라집니다.

신경계의 퇴행 혹은 노화

화를 잘 내지 않고 온화한 사람은 기질적으로 심장이 안정적으로, 규칙적으로 뜁니다. 살면서 별의별 안 좋은 일들과 맞닥뜨려도 그들의 심장은 별반 두근대지 않죠. 현대 사회에서는 좋아 보이지만, 실은 스트레스 기능이 매우 떨어져 있는 상태라고도 볼 수 있습니다. 스트레스는 인류의 진화 과정에서 위급 상황에 맞닥뜨렸을 때 피를 빨리 순환시키기 위해 심장에 펌프질을 가함으로써 도망치거나 맞서 싸울 수 있게끔 급성 파워를 끌어내는 기능을 담당했습니다. 기질적으로 급하고 참을성이 부족한 사람들은 신경생리학적으로 이 스트레스 반응성이 높다고 볼 수 있습니다. 작은 일에도 심장이 강하게 반응하며 경계 태세를 갖추는 것이니까요.

분노나 짜증 같은 공격적이고 부정적인 감정의 선행지표는 바로 스트레스 호르몬으로부터 시작되는 격렬한 심장박동, 즉 심장의 두근거림입니다. 짜증 나거나 화가 나는 상황에서 우리의 심장박동이 어떤지 생각해보세요. 반대로 자연 다큐멘터리를 볼 때처럼 심장박동이 잔잔한 상태에서는 좀처럼 짜증이 나거나 화가 나지 않습니다. 우리의 신경체계가 지금은 평화로운 상태라고 인식하고 있기 때문이죠. 이러한 신경체계는 기질적으로 모두 다르게 타고납니다. 그리고 이렇게 타고난 신경체계는 후천적으로 변화할 수도 있습니다. 퇴행 또는 노화한다고 얘기하는 것이 더 적합한 표현이겠죠.

신경계는 활동과 관련된 '교감신경'과 휴식과 관련된 '부교감신경'이 늘 적절하게 균형을 이루고 있어야 합니다. 일종의 신체 항상성으로, 일할 땐 일하고 쉴 땐 푹 쉬어야 신경계가 밸런스를 유지할 수 있는 거죠. 그런데 만약 카페인, 스트레스, 수면 부족 등으로 교감신경이 너무나도 빈번하게 자극된다고 가정해봅시다. 쉬어야 할 때,

즉 부교감신경이 활성화되어야 할 때조차 교감신경을 계속해서 자극하는 생활을 하는 사람들이 많습니다. 커피를 입에 달고 살며, 매일 스트레스를 받고, 스트레스를 받으니 늘 단 게 먹고 싶고, 그냥 잠들기 아쉬우니 새벽까지 휴대폰을 보고… 이런 식의 생활이 누적되면 우리 몸은 버틸 만큼 버티다가 결국에는 고장 신호를 보냅니다. 답답함, 두근거림, 소화불량, 신경이 곤두섬, 화나 짜증이 늘어남 등. 자율신경계의 균형이 와르르 무너지면서 이른바 '자율신경실조증'이라는 폭탄을 맞게 되는 것이죠.

원래는 온화했던 사람일지라도 카페인이나 스트레스 폭격, 잦은 당 섭취, 수면 부족 등에 노출되다 보면 자율신경계가 망가지면서 교감신경이 극도로 활성화될 수 있습니다. 교감신경이 극도로 활성화된다는 것은 매 순간을 스트레스 상황으로 느낀다는 것과 다를 바 없습니다. 별일 아닌데도 심장이 두근거리고, 가슴이 저릿저릿하고, 그렇게 긴장해야 할 상황이 아님에도 온종일 긴장 상태에 있는 이상 증세에 시달리게 되죠. 이처럼 심장박동이 빠르게 뛰는 상황에서는 주변의 사소한 자극에도 짜증이나 화가 '팡' 하고 터질 수밖에 없습니다. 자신의 예민함을 숨기고 조용히 지내는 사람들이 운전대만 잡으면 흥분하는 것도 이와 마찬가지라고 볼 수 있습니다. 운전 중에는 신경체계가 계속해서 스트레스 자극을 받게 되므로 예민한 사람들의 교감신경이 과도하게 항진되는 것이죠. 교감신경이 극도의 자극을 받으면 생리학적으로 인간이라면 누구나 욱할 수밖에 없습니다.

요즘 들어 부쩍 예전과는 달리 감정을 제어하는 게 힘들다고 느껴진다면 일차적으로는 자율신경계의 불균형을 의심해봐야 합니다. 신경과나 정신건강의학과에서 검사를 받고 적절한 조치를 취해야 하며, 반드시 라이프 스타일에 변화를 줘야만 합니다. 카페인과 과당의 섭취를 제한하고, 자극을 최소화한 환경에서 푹 쉬면서 자율신경계의 밸런스를 다시 맞춰야 합니다.

특히 우리가 절대 간과해서는 안 되는 것이 바로 과당의 위험성입니다. 단 걸 너무 많이 먹으면 인슐린이 과도하게 분비되면서 혈액 내 당수치가 떨어지고, 급락한 당수치를 다시 올리기 위해서 일련의 스트레스 호르몬들이 배출됩니다. 스트레스 호르몬이 배출되는 이유는 효율적인 심장 운동을 위해서는 혈액 내에 연료 역할을 하는 당이 충분해야 하는데, 당이 부족한 상황에서는 연료 부족으로 심장 운동의 효율성이 저하될 수밖에 없겠죠. 이렇게 되면 근육 곳곳에 빠르게 피를 보낼 수 없으므로 위협 상황에서의 대처 능력이 떨어지게 됩니다. 따라서 언제 있을지 모를 위협 상황을 대비하기 위해 우리 몸이 스트레스 호르몬을 방출함으로써 혈액 속에 일정량의 당을 재공급하게 되는 것이죠. 이 또한 일종의 신체 항상성이라 볼 수 있습니다. 즉 '아, 당 떨어져'라는 느낌에 단 걸 너무 많이 먹게 되면, 과도한 인슐린의 작용으로 스트레스 호르몬이 방출되면서 영문도 모른 채 또다시 스트레스를 받게 되는 겁니다. 그야말로 끊임없는 악순환인 셈이죠.

예민한 사람들은 기본적으로 스트레스받을 일이 많기 때문에 더더욱 자율신경계의 밸런스를 신경 쓰며 살아야 합니다. 가뜩이나 스트레스가 가득한 삶인데 카페인과 당까지 우리 몸에 쏟아붓는다면 예민한 사람들의 신경체계는 도저히 버텨낼 수가 없기 때문이죠. 자율신경계에 이상이 생기면 예민한 사람들은 평소에 느끼는 스트레스보다 몇 배의 불편함과 불쾌감에 시달리게 되므로, 반드시 라이프 스타일을 건강하게 가꿔 나갈 필요가 있습니다. 그러니 요즘 들어 점점 욱하는 성격으로 변해가는 것 같다면 가장 먼저 신경계의 불균형을 의심해보기를 바랍니다. 자율신경실조증으로 인한 일시적인 현상일 수 있고, 그 말은 즉 생활 습관을 조금만 바꾸면 얼마든지 예전의 온화했던 모습으로 돌아갈 수 있다는 뜻입니다. 부정적인 환경이나 잘못된 라이프 스타일로 우리의 마음과 멘탈은 얼마든지 노화될 수 있으며, 우리가 어떻게 하느냐에 따라 또다시 회춘할 수도 있으니까요.

예민한
사람에게

인간관계가
지옥인 이유

2

폭력적인 장면을 보는 게
유독 힘든 사람들

이제껏 HSP로 살아오면서 저를 가장 힘들게 한 건 바로 초감정 특성입니다. 나의 내면 또는 외부(타인)의 감정을 증폭하여 받아들이는 초감정은 쉽게 말해 공감을 의미합니다. 하지만 '증폭하여 받아들인다' 함은 '과잉 공감'을 의미하죠. 이 과잉 공감 능력이 어째서 예민한 사람들에게 스트레스가 되는 걸까요?

예민한 사람들은 잔인하거나 폭력적인 드라마를 잘 보지 못합니다. 그 이유는 초감정 특성으로 인해 주변 사람들의 감정이 마치 복붙하듯 그대로 자신에게 전달되는데 심지어 화면 속 캐릭터들의 감정선까지 여과 없이 전달되기 때문입니다. 그래서 주인공이 창피당하는 장면이 나올 것 같으면 미리 채널을 돌려버립니다. 누군가가 지독하게 괴롭힘당하는 장면을 보게 되면 마치 내가 당하는 것처럼 극 중 인물이 느끼는 공포나 불안감, 수치심, 절망감 등이 화면 넘어 나에게 그대로 엄습해 오기 때문에 굉장한 불쾌감과 스트레스를 느끼기 때문입니다.

대단한 능력이라고도 볼 수 있지만, 예민한 사람들의 경우에는 그 정도가 너무 과해서 공감이 제대로 전개되지 못하고 중간에 뚝 끊기는 경향이 있습니다. 결과적으로는 공감을 안 하느니만 못 한 상황이 되는 거죠. 마치 그을음을 발생시키는 불완전연소처럼 말이죠.

정서적 공감	인지적 공감	행동적 공감
상대방의 감정을 그대로 느낌	상대방의 관점과 입장에서 생각해봄	정서적·인지적 공감의 결과로 배려 행동을 함
➡	➡	➡
자동 반응, 에너지 불필요	수동 반응, 에너지 소모	수동 반응, 에너지 소모

✚ 온전한 공감이란, 정서적 공감 → 인지적 공감 → 행동적 공감까지 이뤄지는 것으로 정서적 공감은 무의식적이며 자동적인 반응이지만, 인지적 공감부터는 의식적인 노력과 에너지가 필요합니다.

공감 능력이 뛰어난 사람들은 대체로 우호성이 높은 성격을 지닙니다. 공감은 근본적으로 인간에 대한 애정과 관심을 바탕으로 내 에너지를 소모하면서까지 타인의 입장을 헤아리고 배려하는 것이기 때문이죠. 반면 예민한 사람들의 공감은 그 기반이 인간에 대한 애정과 관심이 아닙니다. 바로 초감정 특성으로 인한 현상이죠.

선천적으로 감정을 복사하는 능력을 타고났기 때문에 자동반사적으로 정서적 공감을 하게 되는데, 이때 문제는 정서적 공감이 너무 강력하게 일어나서 그 감정에 자신이 휩쓸려버린다는 점입니다. 감정에 압도당하면서 순식간에 과몰입 상태에 빠지는 것이죠. 상대방이 화를 낸다? 예민한 사람들은 자동반사적으로 자신도 화가 납니다. 그리고 그 화를 처리하는 데 거의 모든 에너지가 소모되기 때문에 인지적 공감에서 행동적 공감으로 넘어갈 여유가 없습니다. 정서적 공감에서 모든 힘을 폭발시키고 그 흐름이 뚝 끊기는 거죠. 이렇게 되면 상대방은 오히려 HSP를 보며 '이 사람은 왜 이렇게 공감 능력이 떨어질까?'라고 오해하게 됩니다. 화가 난 나를 위로해주기는커녕 예민한 사람들은 자기가 덩달아 화난 것처럼 꽁해지니 그렇게 생각하는 것도 무리는 아니죠. 그렇기에 예민한 사람들을 대할 때는 항상 본인이 거울을 보고 있다고 생각해야 합니다. 그들이 지닌 강력한 감정 복사 능력으로 인해 언제든 쉽게 내 감정에 동화돼 버릴 수 있으니까요.

예민한 사람들에게 인간관계가 지옥 같은 이유는 내 것

도 아닌 다른 사람들의 감정에 휩쓸려 다니다 하루를 망치는 일이 다반사이기 때문입니다. 가족이나 직장 동료, 친구 중 짜증을 잘 내거나 화를 잘 내는 사람이 있다? 예민한 사람들은 자동적으로 그 짜증과 화에 전염됩니다. 그리고 내 것도 아닌 그 짜증과 화를 다루느라 온 기력을 소진하게 되죠. 이처럼 어쩔 수 없이 주변인들의 온갖 감정을 짊어진 채로 하루하루를 살기 때문에 예민한 사람들은 참고 참다 결국에는 인간관계를 확 놓아버리는 회피형으로서의 삶을 선택하게 되는 것입니다.

하지만 HSP 여러분, 섣불리 희망을 버리지 말길 바랍니다. 거울과도 같은 예민한 사람들의 마음은 긍정적이고, 잘 웃고, 작은 일에도 행복해하는 사람이 주변에 있다면 그 사람의 행복 또한 복사해 함께 행복을 느낄 수 있는 존재니까요. 나쁜 영향력에는 취약하지만, 좋은 영향력과는 시너지를 일으킬 수 있다는 것이 예민한 사람들이 지닌 최대 강점입니다. 따라서 예민한 사람들이 좀 더 행복해지기 위해서는 안 맞는 사람들과의 관계는 철저하게 정리하고, 좋은 사람들과 좁고 깊은 인간관계를 유지하는 것이 좋습니다.

나는 왜 부탁하는 게
이렇게 어려울까?

임상이나 상담 분야에 종사하는 심리학자들은 내담자들을 분석하면서 그들 중 많은 사람이 아무리 힘들더라도 좀처럼 남에게 도움 요청을 하지 않는다는 사실을 발견했습니다. 인간은 사회적 동물인지라 현실적으로 수많은 사람과의 교류 속에서 적절히 도움을 주고받으며 살 수밖에 없습니다. 그런데 만약 나는 남들의 부탁을 잘 들어주는 편인데(→ 에너지 소모), 정작 내가 힘들 때는 오롯이 나 혼자만의 힘으로 버텨내려고 한다면(→ 에너지 소모), 더 쉽게 번아웃에 빠질 수밖에 없습니다. 그래서 내담자들에게 누군가에게 도움을 요청하는 것은 지극히 자연스러운 일이니 혼자 짊어지고 있는 무거운 짐을 남들과 조금씩 나누며 내려놓으라고 조언하곤 합니다. 남들에게 부탁하는 일도 인지 치료와 훈련, 연습 등을 통해 훨씬 쉬워질 수 있습니다. 하지만 예민한 사람들은 기질적으로 남들의 도움을 받는 것을 특히 더 꺼리는 특성이 있어 결국 끝까지 부탁하는 것에 익숙해지지 못하고 혼자 독자 노선을 걸으며 모든 걸 해결하려는 경향이 있습니다.

예민한 사람들의 이러한 독자 노선은 기질적인 독립성에서 기인한다고 볼 수 있습니다. 흥미롭게도 예민한 사람들은 자신이 주인공이 되는 자리를 불편해하는 경향이 있습니다. 생일을 예로 든다면, 날 위해 지인들이 그들의 소중한 시간을 할애해야 한다는 것, 날 위해 선물을 고르느라 그들의 소중한 돈과 시간을 써야 한다는 것, 그들에게 내가 받은 것 이상으로 일일이 보답해야 한다는 압박감 등 생일을 맞이해 자신에게 베풀어지는 모든 축하가 내 마음속에서는 되갚아야 할 일종의 대출 장부처럼 여겨지는 것이죠.

초감각을 타고난 사람들, 즉 HSP들은 앞서 살펴보았듯이 불편함에 굉장히 민감하게 반응합니다. 감각의 민감도는 선천적으로 타고나는 경향이 있는데, 예민한 아기들은 배변이나 수면, 식생활 등에서 무언가 불편함이 느껴지면 빽빽 울어대기 때문에 양육자가 무척이나 힘들어하는 반면, 둔감한 아기들은 스트레스에 대한 역치 수준이 높아 상대적으로 키우기가 수월한 편이죠. 이런 식으로 어린 시절부터 쭉 불편함에 민감한 나날을 보내게 되면, 자연스럽게 불편함을 예방하고 회피하고 제거하려는 행동 패턴을 보이게 되겠죠?

여기서 흥미로운 건 초예민성을 타고나는 사람들의 레이더는 그 범위가 자신뿐 아니라 주변 사람들까지 확장되기 때문에 일정반경 안에 있는 사람들의 내적 상태까지도 비교적 정확하게 느낄 수 있다는 점입니다. 가령 함께 있는 친구가 매우 긴장한 상태라면 그 내밀한 정보가 내 레이더망에 잡히고, 그 긴장감이 마치 내 것처럼 급속하게 전이됩니다. 그럼 나는 내 일도 아닌데 덩달아 잔뜩 긴장하며 스트레스를 받게 되는 것이죠. 이러한 초강력 감정전이 현상으로 인해 HSP들은 나에게 영향을 끼칠 수 있는 남들의 불편함까지도 회피하고 제거하고자 노력하게 됩니다. 즉 내 감정뿐만이 아니라 주변 사람들의 감정에 대해서도 예민하게 반응하고, 그 불편함을 해소시켜 주고자 노력하게 되는 것이죠. 이것이 바로 예민한 사람들이 의외로 친사회적이고 이타주의적인 면모를 가지고 있는 이유입니다.

예민한 사람들은 불편함에 민감하게 반응하기 때문에 살면서 불편한 상황에 대한 정보들을 의식적으로든 무의식적으로든 차곡차곡 리스트업해놓게 됩니다. 이를테면 여행을 가기 전에 여행 계획을 짜듯이, 불편함을 예방하고 회피하고 제거할 수 있는 나만의 지침들이 각자 다 준비되어 있습니다. 그중 대표적인 것이 바로 '민폐 끼치지 말자'인데, 그 피해가 결국 고스란히 나에게 극도의 스트레스로 되돌아온다는 것을 경험적으로 이미 알고 있기 때문입니다. 한때 자기중심적으로 행동했을 수도 있지만 그렇게 행동한 결과 누군가에게 피해를 주고(혹은 준 것만 같고), 그로 인해 자신이 더 많은 고통을 느낀 경험이 있기 때문에 '차라리 내가 손해 보는 게 속 편해'라는 명제를 학습하게 된 것입니다.

그런데 HSP들은 워낙 민감하기 때문에 다른 사람에게 피해를 준다고 생각하는 범위가 매우 사소한 영역에까지 확장되는 경향이 있습니다. 가령 나로 인해 누군가의 시간이나 돈, 에너지가 조금이라도 소모됐다면 이 또한 피해로 간주합니다. 나로 인해 조금이라도 상대방이 언짢아하는 것 같다면 이 또한 피해로 간주합니다. 이들은 불편함의 역치가 너무나도 낮아 피해의 범위 또한 자신에게 대입해 과도하게 넓어지는 것입니다. 예민한 사람들이 부탁을 일종의 정신적 채무로 여기는 이유입니다.

스스로에 대한 엄격한 기준 ─────────────

예민한 사람들의 또 다른 특징 중 하나는 자기 자신에게 지나칠 만큼 엄격한 기준을 적용한다는 점입니다. 내가 조금이라도 불편함을 덜 느끼기 위해서는 그만큼 불편함을 열심히 회피해야 하고, 완벽하게 회피해낼수록 그만큼 나의 정신적 웰빙이 유지될 수 있기 때문이죠. 그리고 이는 인간관계에도 똑같이 적용됩니다.

남들을 조금이라도 불편하게 만들지 않기 위해 아무리 힘들어도 혼자 극복하고 해내려고 하며, 아무리 힘들어도 징징대면 안 된다고 생각합니다. 호의를 받는 일조차 상대방의 에너지를 소모시키는 민폐라고 생각하기 때문에 마냥 기뻐할 수도 없는 거죠. 결국 이러나저러나 사람들과 엮일수록 불편해질 일이 많아진다는 것을 깨닫기 시작하면서 예민한 사람들은 오히려 극 내향적인 사람들보다도 더 혼자인 상태를 선호하게 됩니다.

저 또한 HSP로서 그 누구보다도 불편함에 민감하기 때문에 부탁을 거의 하지 않고, 다른 사람들과의 얽매임을 최대한 지양하려고 노력하는 편입니다. 물론 심리학적으로 봤을 때 생산적인 방식이라고는 볼 수 없겠죠. 아마 그 어떠한 어려움이라도 극복할 수 있다고 믿는 심리학자들이라면, 예민한 기질을 누르고 둔감화시키는 방법을 통해 지금보다 나아질 수 있다고 주장하겠지만, 제 경험상 이 천부적인 기질을 누르는 일은 마치 식욕이나 수면욕을 누르는 것만큼이나 어렵게 받아들여지곤 합니다. 최선의 방법을 아직 찾지 못했다면 우리는 차선책을 활용할 수밖에 없고, 예민한 사람들을 위한 차선책은 제 경험상 예방과 회피가 그나마 가장 현실적이며 실용적인 방식입니다. 각자 자신에게 맞는 삶의 결이 있는 법이죠.

이 글을 읽고 있는 HSP 여러분께 좀 더 진취적이고 열정적으로 살 것을 권하고 싶지는 않습니다. 저 또한 그렇게 살고 있지 않으니까요. 결국 중요한 것은 내 마음의 평화가 아닐까요? 그래서 저는 변화와 개선이 아닌 예방과 회피를 통해서도 우리 HSP들이 얼마든지 행복에 이를 수 있다는 메시지를 전하고 싶습니다.

예민한 사람은
어떤 사람을 만나야 할까?

5G가 대세인 시대에 HSP는 10G의 초민감성 안테나를 달고 사는 사람들이기 때문에 주변 사람들의 온갖 감정 거리를 흡수하며 살고 있습니다. 따라서 주변 사람의 성향은 예민한 사람의 정신적 웰빙에 큰 영향을 미칩니다. 어린 시절 화목한 가정에서 자라 별문제 없이 학창 시절을 보냈던 사람들도 사회생활을 하며 별의별 인간들을 만나고, 그 안에서 크고 작은 스트레스들을 겪으면서 그제야 자신의 초예민성을 자각하게 되는 경우도 많습니다.

10G 안테나의 특징은 듣기 좋은 소리와 듣기 싫은 소음 둘 다 기가 막히게 잡아낸다는 것입니다. 우호적인 환경에서는 주변의 감정을 복사하는 이 능력이 최상의 효율을 보이지만, 비우호적인 환경에서는 주변의 온갖 부정적인 감정들을 억지로 씹어 삼켜가며 그야말로 생지옥을 맛

볼 수밖에 없겠죠.

이미 다들 겪어왔다시피 세상은 생각보다 우호적이지 않습니다. 그것은 예민한 사람들에게는 두 배, 세 배의 고난과 역경을 의미합니다. 사회의 쓴맛을 보고, 온갖 인간 군상에 치일수록 10G 안테나를 지닌 HSP들은 고통과 갈등을 피해 사람들과 점점 멀어지게 됩니다. 자발적 고립을 택하는 것이죠. 이는 지극히 자연스러운 흐름이며, 그야말로 생존을 위한 필연적인 선택이라고 볼 수 있습니다.

좋은 게 좋은 거다

조금 석연치 않더라도 그냥 적당한 선에서 타협하는 게 서로에게 좋은 일이다.

예민한 사람들의 인간관계 신조로 이보다 더 적합한 표현은 없을 겁니다. 이들에게 관계의 갈등은 보통 사람들이 느끼는 것보다 두세 배 이상 치명적 피해를 주기 때문에 '내가 희생하더라도 좋게 좋게 지내는 게 낫다'라는 마인드를 지니게 되죠. 그래서 아이러니하게도 젊은 HSP들은 그저 둥글둥글하고 뭐든지 잘 받아주는, 사람 좋은 캐릭터로 보이는 경우가 많습니다.

여기서 문제가 발생합니다. 원치 않아도 사람들이 계속해서 꼬인다는 점입니다. 예민한 사람들의 특성상 센스가 뛰어나고, 사람들 사이에서 균형을 잘 잡아주며, 각자의 가려운 부분을 긁어주는 데 뛰어난 소질을 보이므로 주변에서 계속 이들을 찾게 되는 것이죠. 관계에 얽매이지 않기 위해 취한 '좋은 게 좋은 거다'란 태도가 오히려 예민한 사람들에게 계속해서 관계를 강제하게 되는 셈이랄까요? 이런 식으로 온갖 관계 속에서 갈등을 회피하기 위해 매번 희생해야 한다면, 그 결과는 과연 어떨까요? 필연적으로 과부하에 걸릴 수밖에 없겠죠.

예민한 사람들의 사랑

예민한 사람들은 부정적 감정뿐만 아니라 긍정적인 감정도 남들보다 더 잘 느끼는 편입니다. 다만 세상사가 너무 고달픈 나머지 훨씬 더 많은 부정적인 감정들에 가려져 긍정적인 감정이 잘 보이지 않을 뿐이죠. 하지만 사랑에 빠진 순간만큼은 HSP로서 느끼는 모든 스트레스를 사랑의 힘이 압도하게 됩니다. 보통 사람보다 사랑이 더 달콤하게 느껴진다는 것은 대단한 장점이라고 볼 수도 있겠지만 문제는 이 극상의 즐거움에 유통기한이 있다는 겁니다. 콩깍지가 벗겨지고, 서로의 단점이 보이는 시기가 오면 예민한 사람들의 민감한 안테나는 속속들이 상대방의 안 좋은 면모들을 캐치하게 됩니다. 더 안타까운 점은 소통을 통해 서로 노력하면 충분히 극복할 수 있는 문제들임에도 당장의 갈등이 싫어 꾸역꾸역 참고, 결국 더 이상 견딜 수 없는 시점이 오면 회피하듯 관계를 정리하게 된다는 점입니다.

문제를 직면하면 관계를 더 공고히 할 수 있음에도 갈등이 두려워 속에 있는 이야기들을 꺼내지 못하고 전전긍긍하는 것은 예민한 사람들의 강력한 관계 패턴입니다. 그래서 예민한 사람들은 모든 걸 혼자서만 고민하고, 이별까지도 혼자서 결정하곤 하죠.

이러한 패턴이 겉으로 봐서는 회피형 애착 유형으로 보일 수도 있겠지만, 회피형 중 상당 부분은 애착 유형과는 관계없이 그 사람이 지닌 초예민성 기질로부터 유발될 수 있습니다. 이처럼 갈등과 상처가 두려워 마음속 이야기들을 꺼내지 못해 하지 못한 말들이 많아질수록 둘 사이의 심리적 거리는 점점 더 멀어질 수밖에 없습니다.

그렇다면 예민한 사람들은 어떤 사람을 만나는 게 좋을까요? 가장 정석의 대답은, 스스로 자신이 HSP라는 것을 자각하고 있는 HSP들끼리 만나는 것입니다. 자각 HSP들은 자신의 기질에 대해 잘 알고 있고, 자기 돌봄(self care)에 능숙하기 때문에 다른 HSP들에 대해서도 잘 이해해줄 수 있습니다. 또 그들을 다루는 방법 또한 제대로 알고 있죠. 그러니 이들끼리는 서로 코드가 잘 맞는다고 볼 수 있습니다. 말하지 않아도 알게 되는 이심전심의 경지랄까요?

그런데 만약 함께 대업을 꾸려나가야 하는 관계라면, 이를테면 동업이나 부모가 되고자 하는 부부 사이라면 나와 잘 맞지 않더라도 긍정적이면서 둔감한 사람이 최고의 짝이 될 수 있습니다. HSP들끼리는 딱 둘만 있을 때가 최상이지, 여기에 누군가가 더해져 고통과 갈등이 발생하면 둘 다 쉽게 과부하가 걸리는 스타일이기 때문에 문제 상황들에 적절히 대처해나가기가 무척 힘들어지기 때문이죠.

특히 HSP 부부가 아이를 낳게 되면, 육아 난이도는 정말이지 극상이 됩니다. 온갖 짜증과 찡찡거림, 각종 사건 사고들을 달고 사는 아이들을 돌보는 일이란 상대의 감정을 자신에게 복붙하는 HSP들에게는 그 무엇보다도 어렵고 힘든 미션이기 때문이죠. 따라서 이럴 때는 오히려 그 어떤 안 좋은 일이 있더라도 허허거리며 별 타격감 없이 받아주는 둔감한 사람들이 HSP들의 파트너로서 제격일 수 있습니다. 고난을 극복해낼 수 있는 정신력의 총 용량(capacity)이 둘이 합쳐 평균 이상이 되려면, 자신의 대척점에 있는 극 둔감한 사람을 만나야만 각종 어려움을 함께 이겨낼 수 있을 테니까요. 안타깝지만 인생의 비극 중 하나는 즐거움을 함께 나눌 수 있는 사람과 고난을 함께 견딜 수 있는 사람이 같지 않다는 점에 있다는 것입니다.

진짜 '나'와
'순한 곰' 페르소나

앞서 살펴보았듯 HSP들은 역설적으로 '순한 곰' 페르소나를 지니고 있습니다. 인간에게는 '부정성 편향'이라는 기제가 있어서 긍정적인 자극보다 부정적인 자극의 체감 세기가 약 2.5배 이상 강한 것으로 알려져 있습니다. 따라서 예민한 기질을 타고난 사람들은 보통 사람들보다 더 강한 긍정적인 감정과 훨씬 더 강한 부정적인 감정을 느끼게 되는 것이죠.

사람들이 겪는 스트레스 원인 중 단연 으뜸은 가족, 친구, 직장 등에서 겪는 관계 갈등입니다. 남들보다 스트레스에 훨씬 더 취약한 HSP들은 본인들의 정신 건강을 위해서라도 자연스럽게 관계 갈등을 회피하는 쪽으로 행동 패턴을 조성하게 됩니다. 어떤 식으로 회피할까요? 최대한 협조하고 배려하면서 주변 사람들과 사이좋게 지낼 수 있는 환경을 만들어 나감으로써 관계 갈등으로부터 올 수 있는 스트레스를 사전에 차단하려고 합니다. 일종의 능동적 회피인 셈이죠. 갈등이 발생하고 나서 수동적으로 회피하는 게 아니라, 능동적으로 친사회적이고 이타적인 행동을 함으로써 갈등이 생겨날 여지 자체를 줄여버리는 셈이니까요. 하지만 HSP들의 이러한 스트레스 방어 전략은 중·단기전에만 유리할 뿐 장기전으로 갈수록 효율성이 우하향하게 된다는 치명적인 약점을 지니고 있습니다.

무던해 보이는 사람의 남모를 발버둥 ────────

내가 곰의 탈을 쓰고 있으면, 사람들은 내가 무슨 일이든지 무던하게 넘길 거라 생각하겠지? 정작 나는 예민해서 무슨 일이든지 그냥 넘길 수 없는데, 남들은 내가 다 받아줄 거라고 생각하면서 언제까지나 나에게 기대려고만 한다면? 과연 나는 이러한 상황을 언제까지 참아낼 수 있을까? 결국 참지 못하고, 곰의 탈을 벗어버리고 나면 사람들은 그때 나에게 어떤 반응을 보일까?

A는 항상 정에 굶주려 있으면서도 모종의 이유로 주변 사람들에게 늘 쌀쌀맞게 행동했습니다. A는 자신이 이렇게 행동해도 언젠가는 내 진심을 알아주고, 닫힌 마음을 열어 줄 사람을 만날 수 있으리라 생각했죠. 그래서 쌀쌀맞게 구는 한편 자신이 사실은 따뜻한 사람이라는 힌트를 항상 소소하게 주변 사람들에게 남기곤 했습니다. 하지만 돌아오는 건 주변 사람들의 무관심과 거리 두기뿐이었습니다. A는 점점 지쳐만 갔고, 어떻게 해야 이 외로움을 해소할 수 있을지 점점 어렵게만 느껴졌죠. 그런데 사실 이는 주변 사람들로서는 당연한 반응이었습니다. 주변 사람들은 A를 보며 '저 사람은 혼자 있고 싶은 게 분명해. 사람을 별로 좋아하지 않나 봐', '괜히 주변에서 어슬렁거리고 말 걸면 귀찮아하겠지?'라고 생각할 수밖에 없었죠.

A의 속마음은 '외로움'이었을지라도 겉으로는 매번 '쌀쌀맞음'의 행동을 보였기 때문에 주변 사람들도 그에 맞춰 항상 '쌀쌀맞음'에 대해 '거리 두기'라는 대응 행동을 보였던 것입니다. 하지만 A는 사람들이 자신의 '외로움'을 알고 '다가와 주기'로 행동해주기를 은근히 기대했던 것이죠. 매우 비합리적으로 보이겠지만, 현실에서는 이런 일들이 굉장히 비일비재하게 벌어지고 있습니다. 진짜 '나'

와 '순한 곰' 페르소나의 괴리 그리고 그 페르소나를 진짜 나로 여기고 있는 주변 사람들의 태도, 이러한 불협화음에서 생겨나는 인지하기 힘든 스트레스들….

센터를 찾아오시는 분 중 본인이 느끼는 이러한 이질감으로 인해 내적 불편함을 겪고 있는 경우가 매우 많습니다. 가령 예민한 사람들은 비록 자신이 선택한 방어기제지만 자신의 기질과는 반대로 넉살 좋은 둔감한 사람처럼 행동해야 하는 것 그리고 사람들이 자신을 계속 성격 좋은 곰 같은 사람으로만 알고 대하는 것에 만성적인 스트레스를 지니고 있습니다. 물론 곰의 탈을 씀으로써 관계 갈등이라는 치명적인 독소는 피할 수 있겠지만 그에 대한 대가로 다른 사람들을 맞춰주고 배려하는 데 필요한 엄청난 양의 에너지 소모가 불가피한 것입니다.

이는 예민한 사람들이 항상 고단하고 피곤한 이유이기도 합니다. 주변 관계에서 윤활유 역할을 자처하면서 행여나 생길지도 모를 잠재적 갈등을 차단하기 위해 평소에 기를 쓰고 노력하고 있기 때문이죠. 겉으로 봐서는 원만하고 둥글둥글한 사람 좋은 캐릭터처럼 보이지만, 그 이면에는 예민한 사람들만의 남모를 발버둥이 숨어 있는 것이죠.

여기서 관건은 과연 이러한 이중생활을 언제까지 유지할 수 있느냐 하는 문제입니다. 한 번 보고 말 가벼운 사이라면 언제라도 순한 곰처럼 행동할 수 있겠지만, 매일같이 봐야 하는 사람이라면 어떨까요? 연인이라면? 배우자라면? 가족이라면? 예민한 사람들에게 최악의 결말은 결국 참지 못하고 터졌을 때 그에 대한 주변의 반응이 냉담하기만 한 것입니다.

재 뭐야? 이제까지 자기만 노력하고 있었다는 거야?
말 한마디 안 해놓고 갑자기 왜 저래?

현실적으로 '내가 사실은 이렇게 맞추려고 노력하고 있었어. 그런데 이제는 너무 지쳤어'라는 얘기를 들었을 때, '정말 힘들었겠다, 미안해. 이제는 내가 그만큼 잘할게'라는 반응을 보이는 사람들이 얼마나 있을까요? 대부분 듣는 사람도 황당하겠죠. 그리고 마치 자신이 이제껏 눈치도 없이 배려를 받아먹고만 있었던 사람이 된 것만 같아 화가 날 수도 있을 겁니다. 결국 둘 다 기분이 상하고 마는 결말인 거죠.

한편 예민한 사람들은 이러한 결말을 충분히 예상할 수

있으므로 가벼운 관계가 아닌 연애나 결혼 혹은 상대적으로 진중한 관계에서는 어떻게 해서든지 끝까지 이중생활을 유지하려고 합니다. 그러다 인내심이 역치를 넘어서면 아무런 설명 없이 입을 꾹 닫고 관계를 끝내는 패턴을 보이게 되는 거죠.

서로 다른 '나'가 만나 '우리'가 되기 위해서는 퍼즐이 잘 맞아야 합니다. 그러기 위해서는 진짜 내 모습을 상대방에게 알려줄 수 있어야 하고, 나 또한 진정한 상대방의 모습을 알기 위한 준비가 돼 있어야 합니다. 특히 함께 긴 시간을 보내야 할 사람들이라면 내가 예민하다는 것을 반드시 알고 있어야만 합니다. 그래야 예민한 내가 숨을 쉬면서 살 수 있습니다. 관계 갈등은 풀면 그만이고, 스트레스는 해소하면 그만이지만, 나를 숨기면서 사는 이중생활이란 언젠간 반드시 끝이 나게 돼 있습니다. 그것도 보통은 비극적인 결말로 말이죠.

지금까지 안 그런 척 지내왔는데, 갑자기 본모습을 보이면 이상하게 생각하지 않을까요?

물론 이상해 보일 수 있습니다. 그래서 처음부터 모든

걸 오픈하기보다는 SNS에 예민한 성격에 대한 글이나 책 구절을 인용하거나 HSP 테스트를 친구와 함께해보고 결과를 공유하는 등 천천히, 자연스럽게 자신의 본모습을 보여주는 게 좋습니다.

예민한 사람들이 진중한 관계에서 자신의 정체성을 오픈하는 일은 더 이상 에너지를 낭비하지 않고 나를 지킨다는 의미도 있지만, 상대방이 당연히 알아야 할 정보를 제공한다는 의무적 의미도 있습니다. 내가 진짜 어떤 사람인지를 알아야 상대방도 나와의 관계를 진지하게 고민할 수 있고, 또 나에게 맞는 맞춤 반응을 제대로 보일 수 있을 테니까요.

예민한 사람들의 인생에서는 시간이 지날수록 결국 내가 예민하다는 것을 알고 있는 사람들만이 곁에 남게 됩니다. 나에게 소중한 사람이고, 오래 함께해야 할 사이라면 그 시기를 최대한 앞당기는 것만이 관계 안정화의 지름길이겠죠?

눈치가 빠른 걸까,
눈치를 많이 보는 걸까?

．

눈치도 엄밀히 말하면 사회적 지능에 해당합니다. 지능이 뛰어나다, 즉 머리가 좋다는 것이 모든 영역에서 스마트하게 생각하고 행동할 수 있다는 걸 의미하지는 않습니다. 지능에는 영역-특수성(특정 영역에서만 뛰어남)이라는 개념이 존재합니다. 아무리 똑똑한 경제학 박사라 한들 주식 투자 실력은 별로일 수도 있고, 성적이 우수한 학생이 운동 실력은 좋지 않을 수도 있는 거죠. 이를테면 구기 스포츠에서 걸출한 플레이메이커들이 선수 간의 역동을 컨트롤할 수 있는 근본적인 이유는 신체적 움직임에 대한 천부적인 감각과 이해력이 있기 때문입니다. 이건 단순히 훈련과 신체 조건만으로는 극복하기 힘든 선천적인 능력에 가깝습니다.

사회적 지능 역시 마찬가지입니다. 사회적 맥락(social

context)을 제대로 읽어내고, 다양한 상황에서 사람들이 어떻게 느끼고, 생각하고, 행동할지 예측할 수 있는 것. 애당초 눈치를 보는 행위란, 사회적 지능이 어느 정도 탑재된 사람들에게만 허용된 일종의 사회적 기술(social skill)인 것이죠.

내향적 눈치 vs 외향적 눈치

눈치가 뛰어난 사람과 눈치를 많이 보는 사람의 차이는 무엇일까요? 그것은 바로 정보 활용 능력의 방향성에 있습니다. 내가 어떤 상황에서 주요 인물들 간의 사회적 역동을 이해하게 됐을 때 여기서 알아챈 정보를 나를 위해 쓰느냐, 아니면 남을 위해 쓰느냐에 따라 눈치가 뛰어난 사람과 눈치를 많이 보는 사람으로 갈리는 것입니다.

가령 내향적 눈치를 지닌 사람들은 사회적 단서(social cue, 주변 사람들의 생각과 행동을 예상할 수 있는 여러 가지 단서)를 해석할 때 그 방향성이 나를 향하게 됩니다. 반면 외향적 눈치를 지닌 사람들은 사회적 단서를 해석할 때 그 방향성이 타인을 향하게 되죠. 쉽게 말해 내향적 눈치를 지닌 사람들은 이 단서를 어떻게 활용해야 '내가 더' 편해질 수 있을까를 생각한다면, 외향적 눈치를 지닌 사람들은 내가 어떻게 해야 '저 사람을 더' 편하게 만들어 줄 수 있을까를 생각하는 것입니다.

회사 생활을 예로 들면 눈치를 많이 보는 사람은 주변에 도움이 필요한 사람이 있을 때 이를 귀신같이 알아채고 도움의 손길을 내미는 경향이 있습니다. 자, 여기서 중요한 건 아는 것과 실행하는 것은 분명히 다른 문제라는 겁니다. 즉 저 사람이 힘들어하고 있다는 걸 내가 눈치챈 것과 내가 알았으니 저 사람을 도와야겠다고 하는 건 별개의 문제라는 것이죠. 하지만 별개의 문제라고 해서 서로 아무런 영향을 끼치지 않는 건 아닙니다. 인간에게는 인지적 조화로움을 굉장히 중요하게 여기는 습성이 있습니다.

나는 좋은 사람이다.
나는 지금 저 사람이 힘들어한다는 것을 알고 있다.
하지만 난 저 사람을 돕지 않겠다.

위와 같은 명제들은 당사자의 머릿속에서 인지 부조화를 일으키게 됩니다. 이러한 인지 부조화는 굉장한 내적 불편함을 발생시키므로 결국 우리의 뇌는 부조화를 일으키는 원인을 찾아서 변화시키려 합니다. 어떻게?

하지만 난 저 사람을 돕지 않겠다.

→ 그러니 저 사람을 도와주자.

차라리 몰랐으면 말지, 알고 난 이상 내 마음이 불편해서라도 도와줄 수밖에 없는 것입니다. 물론 이타적인 사람들은 똑같은 상황에서 인지 부조화가 잘 일어나지 않을 겁니다. 어려운 사람이 있으면 당연히 도와야 한다는 생각이 이미 마음속에 자리 잡고 있기 때문이죠. 이러한 사람들은 자발적으로 남들을 돕기 때문에 이들을 두고 눈치를 본다고 표현하는 것은 어폐가 있다고 볼 수 있습니다. 눈치를 본다는 말은, 나는 그렇게 하고 싶지 않은데 남들 때문에 어쩔 수 없이 그렇게 행동할 수밖에 없는 쪽에 가깝기 때문이죠.

인지 부조화의 힘은 굉장히 강력해서 내 생각들이 일치하지 않으면 마음이 매우 불편해지고, 이러한 불편을 해소하려는 동기가 급부상합니다. 여기서 흥미로운 사실은, 인지 부조화의 해소가 꼭 합리적이며 효율적인 결과를 낳는 것만은 아니라는 점입니다. 그저 하루라도 빨리 불편한 감정을 정리하고자 취했던 행동들이 시간이 지나고 나면 더 부정적인 결과를 초래하는 경우들이 상당히 많습니다. 즉 인지 부조화를 해소하고자 하는 선택들은 무엇이 가장 합리적인가를 묻는 이성적 의사결정이라기보다는 무엇이 가장 기분이 괜찮을지를 묻는 감정적 의사결정에 더 가까운 것이죠.

한편 우리가 흔히 눈치가 비상하다 혹은 눈치가 뛰어나다고 평가하는 사람들은 짧은 순간에 상황을 자신에게 유리하게 이끄는 능력을 지닌 이들입니다. 이를테면 순식간에 사회적 맥락과 사람들의 감정선을 파악하고 난 후 나에게 좋은 결과를 안겨다 줄 것이라고 예상되는 행동을 취사선택하는 거죠. 누군가를 돕는 것도 이들에게는 단순히 이타심의 발로나 인지 부조화의 해소가 그 동기라기보다는 이 행동을 했을 때 종합적으로 나에게 긍정적인 결과(이득 - 비용 > 0)가 있을 것 같다는 감이 왔을 때 취하는 일종의 전략적 행동에 가깝다고 볼 수 있습니다. 이 모든 걸 짧은 순간에 계산하고 행동으로까지 옮길 수 있으니 타고난 능력인 거죠.

　사회적 지능을 타고나는 대표적인 경우가 바로 HSP들인데, 이들도 그렇게 알아챈 사회적 단서를 어떤 방향으로 활용하느냐에 따라서 '눈치가 뛰어난 HSP'와 '눈치를 많이 보는 HSP'로 나뉘게 됩니다.

　통상적으로 사회적 지능이 뛰어난 사람들이 타인의 불편함에 반응하는 주된 이유 중 하나는 좋은 사람이라는 이미지가 계속해서 유지되기를 원하기 때문입니다. '나는 좋은 사람이다'라는 명제와 '나는 돕고 싶지 않다'라는 명제가 상충할 경우, 이러한 인지 부조화를 해소하기 위해 훨씬 더 강력한 명제인 전자를 따라 후자의 명제가 '도와주자'는 쪽으로 바뀌게 되는 것이죠.

　따라서 우리가 좋은 사람이 되고자 하는 압박감을 조금이라도 내려놓을 수 있다면, 다시 말해 인정 욕구에 얽매이지 않고 미움받을 용기를 발휘할 수만 있다면 '항상 좋은 사람일 수는 없어. 에너지가 부족할 땐 내가 우선이 돼야 해'와 같은 명제가 '그러니 오늘은 돕지 않겠어'라는 명제를 거스르지 않을 수 있습니다. 즉 별다른 불편함 없이도 오늘은 타인에게 맞춰주지 않겠다고 의식적으로 선택할 수 있는 것입니다. 사회적 단서에 수동적으로 끌려다니느냐 아니면 이를 능동적으로 활용하느냐의 여부는 결국 '나'라는 사람에 대한 정체성이 타인에게 좋은 사람이고자 하는 인정 욕구로부터 얼마나 자유로워질 수 있는가로 판가름 나게 됩니다.

물론 좋은 사람이고자 싶은 마음을 내려놓기란 쉽지 않습니다. 그래서 저는 여러분께 관점의 전환을 추천하고 싶습니다. 남들의 눈치를 보지 않고 날 위해 살아가면서도 여전히 우리는 좋은 사람일 수 있습니다. 타인이 아니라 바로 나 자신에게요. 에너지는 한정돼 있는데 남들에게 인정받고자 애쓰는 과정에서 그 에너지를 다 써버리면, 정작 자신에게는 소홀해질 수밖에 없습니다.

그렇다면 과연 나는 온전히 좋은 사람인 걸까요? 가령 집 재산을 전부 털어 남의 집을 도와주는 가장이 가족 구성원들에게 진정 좋은 가장일까요? 인정 욕구와 좋은 사람 콤플렉스를 내려놓는 가장 쉬운 방법은 어쩌면 그 대상을 남들에게서 나로 돌리는 것일지도 모릅니다.

세상에서 제일 중요한 사람은 나야.

나에게 친절을 베풀었으니 나는 좋은 사람이야.

나에게 피해주지 않으면서 남들에게 친절한 사람도 좋은 사람이지만, 남에게 피해 주지 않으면서 나에게 친절한 사람 역시 좋은 사람입니다. 때론 남의 눈치 말고 자기 자신의 눈치도 잘 살필 수 있는 사람이 될 수 있으면 좋겠습니다.

기버Giver라는
숙명

예민한 사람들은 종종 스스로를 희생하면서까지 다른 사람을 도우려는 행동 패턴을 보이곤 합니다. 성격심리학에서는 어떤 성격이든 장점과 단점이 공존한다고 설명하고 있는데, 예민한 사람들은 그들이 지니는 친사회성으로 인해 사회 전체적으로는 긍정적인 영향을 끼치지만, 남들에게 투입하는 에너지가 상대적으로 과도하다는 측면 때문에 정작 자기 자신을 돌볼 여력이 부족하다는 단점 또한 지니게 됩니다.

희생마저 불사하는 이러한 특징이 예민한 사람들의 정신적 웰빙에 부정적인 영향을 끼치는 사례가 매우 많음에도, 안타까운 건 HSP들은 그렇게 데이면서도 결국엔 또다시 사람들에게 도움의 손길을 내미는 경우가 너무나도 많다는 것입니다. 사실 예민한 사람들이 인간관계를 좀처럼 끊어내지 못하는 데는 그럴 수밖에 없는 심리적인 이유가 있습니다. 그리고 이 이유를 제대로 이해할 수 있어야만 타인과 나 사이에서 건강한 밸런스를 맞춰나갈 수 있습니다.

세상에는 별의별 인간들이 너무나도 많습니다. 상식적으로 생각하면 좋은 사람들일수록 주변에 똑같이 좋은 사람들이 넘쳐나 풍요로운 인간관계를 누려야 할 것 같지만, 현실은 언제나 녹록지 않습니다. 기버(Giver)의 정반대라고도 볼 수 있는 테이커(Taker)의 존재 때문이죠. 테이커, 나르시시스트와 같은 극도로 자기중심적이며 이기적인 사람들을 뜻합니다.

테이커의 입장에서 한번 생각해볼까요? 내 안위를 위해서 누군가를 이용하고 싶은데 주위를 둘러보니 곰처럼 순해 보이는 사람들이 있고, 평범한 사람들이 있고, 자기중심적인 사람들이 있습니다. 자연스레 시선이 순둥순둥한 사람들 쪽으로 가게 되겠죠? 순해 보이기도 하고, 부탁도 잘 들어줄 것처럼 보이니 그 곁에서 장단만 잘 맞춰주면 얼마든지 뽑아먹을 수 있을 것 같으니까요. 이런 식으로 순한 곰 코스프레를 하고 있던 예민한 사람들은 자신도 모르는 새 성격파탄자들의 제1순위 표적이 되고 맙니다.

노력의 역설 ────────────────

기버와 테이커 간의 이러한 관계성에서 정말로 흥미로운
점은 테이커에게 휘둘리면서 기버가 당연히 위협 의식을
느껴야 할 것 같지만 현실은 정반대라는 것입니다. 오히
려 기버 쪽에서 테이커에게 과몰입하는 경우가 많습니다.
계속해서 테이커에게 주기만 하는 기버가 오히려 그 관계
에 점점 몰입하다니, 왜 그럴까요? 그 이유는 바로 '노력
의 역설'에 있습니다.

최고의 사회심리학자 중 한 명인 엘리엇 애런슨(Elliot
Aronson)은 "엄청난 어려움과 고통을 이겨내고 뭔가를 얻
은 사람은 최소한의 노력으로 같은 걸 획득한 사람보다
그것을 더 가치 있게 여기는 경향이 있다"라는 연구 결과
를 발표한 바 있습니다. 그것이 그만큼 가치 있기 때문에
노력하는 게 아니라, 내가 그만큼 노력했기 때문에 가치
있는 것으로 느껴진다는 것입니다. 인간관계에서 이러한
노력의 역설은 노력을 쏟아부은 사람으로 하여금 점점 더

노력의 수혜자를 가치 있다고 여기게 만듭니다. 돈과 시간과 노력을 쏟아붓는 건 나인데 어째 점점 더 상대방에게 목을 매게 되는 사람도 내가 되는 것이죠.

누군가에게 노력을 뽑아내기만 하면 노력의 역설로 인해 노력한 사람은 그 대상에게 반드시 깊은 애착을 지니게 됩니다. '내가 이만큼이나 노력을 기울였으니 그 대상은 반드시 가치 있어야만 해'라는 일종의 자기합리화인 것이죠. 그렇다면 어떻게 해야 누군가로부터 상당한 양의 노력을 수월하게 뽑아낼 수 있을까요? 가장 적합한 대상이 바로 남들에게 베풀기를 좋아하는 기버인 것입니다.

인간의 심리에는 역설적인 측면이 존재합니다. 우리는 직관적으로 '가구를 왜 조립해? 귀찮게?'라고 생각할 수 있지만 이케아 고객들은 가구 조립을 위해 하루 종일 씨름하고, 그렇게 공들여 만든 가구에 애착을 갖게 됩니다. 내 시간과 노력이 투입된 만큼 그 만족감이 더 깊고 애틋하게 다가오게 되죠. 우리는 사랑할 만한 대상을 사랑하기도 하지만, 때로는 사랑하지 않으면 안 될 만큼 많은 것들을 쏟아부었기 때문에 사랑해야만 하는 상황에 빠지기도 합니다. 이렇듯 노력의 역설은 일종의 자기합리화에 해당합니다.

그럴 리 없어. 어쩔 수 없었을 거야. 원래 다정한 사람이니까.

이렇게 관계에서 꺼림직함이 느껴졌을 때도 기버의 뇌는 그 대상에게 투입한 노력을 정당화시킬 만한 결론을 창출해 버립니다. 우리의 뇌는 극도의 효율성을 추구하는 기관입니다. 뇌의 입장에서는 이만큼 노력을 기울였으면 당연히 노력에 합당한 결과가 나와야만 하는 거죠. 아무리 꺼림직하더라도 어떻게 해서든 합리화를 시킴으로써 내 노력을 헛되이 만들지 않기 위한 작업이 뇌 속에서 끊임없이 벌어지는 겁니다. 그 결과 우리는 노력이 투입된 대상을 반드시 사랑해야만 하는 함정에 빠지게 되는 것이죠.

기버라는 숙명으로 힘들어하고 있을 HSP들이라면, 사람에게는 주는 기쁨과 받는 기쁨이 있고 관계에서는 이 둘이 적절한 균형을 이루어야 함을 깊이 새겨야 합니다. 한쪽으로 심각하게 기울어 있는 관계일수록 건강하지 못한 관계라고 볼 수 있습니다. 그러니 때로는 자신이 누군가에게 베푸는 기쁨을 거두어들이면서라도 반드시 이 밸런스를 맞춰주는 게 중요합니다.

내가 아무리 많이 주는 대상일지라도 상대방 또한 나에

게 많이 주고 있다면 노력의 역설 따위는 아무래도 상관 없겠죠. 반면 나는 딱히 받는 게 없는 것 같은데도 불구하고 이 관계를 절대 놓지 못하겠다고 한다면 그 관계는 노력의 역설이 지배하는 불균형적 관계일 가능성이 매우 높습니다. 왜곡된 마음인 거죠. 투입된 노력 때문에 우리의 뇌가 강제로 그 대상에게 가치를 부여하는 것일 뿐 그 대상이 나에게는 본질적으로 가치 있는 대상이 아닐지도 모릅니다.

지금 누군가와의 관계에서 이러한 딜레마를 겪고 있다면, 이제껏 투입한 노력의 가치를 한 번 배제하고 생각해 보세요. '이 사람은 얼마나 괜찮은 사람인가?', '이 사람은 나에게 얼마나 헌신했는가?' 내가 들였던 공을 마음속에서 지워버리고 나면 생각 외로 존재감이 퇴색되는 대상이 생기는 것을 느낄 수 있을 겁니다.

잘 맞는 성격
vs 잘 맞춰주는 성격

누군가가 나에게 잘 맞춰주는 성격이라면 어떨까요? 나에게 잘 맞춰준다는 것은 표면적으로는 내가 노력을 조금 덜 하더라도 관계가 충분히 잘 돌아간다는 것을 의미합니다. 상대방이 모든 걸 나에게 맞춰서 세팅해주기 때문에 그만큼 나를 바꿔야 하는 수고로움이 줄어드는 것이죠. 내 입장에서는 최소의 노력으로 최대의 만족을 얻는 셈이니 주변에 잘 맞춰주는 사람들이 많을수록 일상에서 편안함을 느낄 수 있을 겁니다.

하지만 잘 맞춰주는 사람들의 속내를 심층적으로 들여다보면 단순한 베풂의 과정이 아닐 수도 있다는 사실을 깨닫게 됩니다. 받는 사람 입장에서는 배려에 익숙해지면서 이 모든 과정이 당연하게 느껴질지라도 주는 사람 입장에서는 내가 준 만큼, 아니 그 일부분이라도 돌려받고 싫어 하는 마음이 필연적으로 생길 수밖에 없으니까요. 내심 선물이라고 생각했는데, 실은 갚아 나가야 할 일종의 대출이었던 것이죠. 예민한 사람들의 마음속에는 이런 식으로 산더미 같은 대출 장부가 쌓여 가고 있습니다.

잘 맞춰주는 사람에 대해 사람들이 하는 가장 큰 오해는 이 사람이 나에게 맞춰주는 게 아니라 그저 단순히 나랑 성격이 잘 맞는 사람이라고 생각한다는 것입니다.

이 사람 나랑 너무 잘 맞아.
이 사람이랑 있으면 너무 편하고 좋아.
이 사람하고 대화가 너무 잘 통해.

사실 받는 사람 입장에서는 구분하기가 굉장히 어렵습니다. 상대에게 잘 맞춰주는 사람들은 성향상 티 내지 않고 자연스럽게 맞춰가는 것을 선호하므로 상대방은 이 사람이 노력하고 있다는 것을 알아채기가 힘들기 때문이죠. 수면 아래를 보지 않은 상태에서는 백조를 보며 정말 우아하고 오해할 수 있듯이 단순히 보이는 모습만으로는 나와 성격이 잘 맞는 사람이라고 착각할 수밖에 없는 거죠. 반면 맞춰주는 사람 입장에서는 굳이 내색하진 않지만,

수면 아래에서는 상대에게 맞춰주기 위해 쉬지 않고 발버둥 치고 있는, 이른바 동상이몽의 상황이라고나 할까요?

혼자 잘해주고 상처받는 사람들 ─────────

예민한 사람들이 상대에게 맞춰주는 행동을 할 때의 딜레마는 내가 굳이 말하지 않아도 나의 노고를 알아주고, 나 역시 배려받기를 내심 바라고 있다는 점입니다. 사람이 항상 주기만 할 수도 없고, 받기만 할 수도 없습니다. 문제는 이들은 내색하지 않기 때문에 상대는 그 노고를 전혀 모르고 있을 가능성이 매우 높다는 것이죠.

예민한 사람들은 상대방과 내 성격 간의 차이점을 금세 파악하고, 그 간극을 메꾸려는 노력이 자동 반사처럼 나옵니다. 하지만 상대방은 그걸 깨달을 새도 없이 이미 배려를 받는 상황이기에 이 모든 게 자신을 위한 노력의 결과물이란 사실을 인지하기가 굉장히 어렵습니다.

잘 맞춰주는 사람은 우호적인 성향이 강하거나 아니면 갈등 회피 성향이 강한 유형 중 하나입니다. 우호적인 성향이 강한 사람의 경우 자기중심적으로 생각하기보다는 관계 중심적으로 생각하는 경향이 강해 내가 다소 희생하더라도 다수가 만족할 만한 쪽으로 의사결정을 하는 편입니다. 나를 상대에게 맞춰 적절히 조정함으로써 이상적인 우리를 만들어 나가는 것이죠.

반면 기질적으로 예민한 사람들의 경우 인간관계에서 갈등을 회피하고자 하는 경향이 굉장히 강합니다. 내가 입는 손해보다 관계 갈등으로부터 오는 스트레스가 훨씬 더 아프게 다가오기 때문입니다. 따라서 처음부터 상대방에게 맞춰줌으로써 갈등을 아예 원천 차단하고자 하는 전략을 쓰는 거죠.

두 유형 모두 튀지 않으면서 상황에 조화롭게 묻어가는 것을 선호하기 때문에 자신을 강하게 어필하는 것을 꺼립니다. 따라서 상대로서는 이들이 거의 티를 내지 않으니 노력하고 있다는 것을 알아채기가 더욱더 어려워지죠.

성격적으로 잘 맞는 사람을 만나기란 무척이나 어렵습니다. 성격은 다차원적인 속성을 지니고 있어 수많은 경우의 수를 지니고 있으므로 그 많은 측면을 전반적으로 만족시키기란 거의 불가능에 가깝기 때문입니다. 따라서 누군가 나와 정말 잘 맞는다고 느껴지는 사람이 있다면 그 사람이 지금 나에게 잘 맞춰주고 있다고 생각하는 것이 현실적인 판단입니다.

또한 맞춰주는 사람 입장에 자주 처하게 되는 예민한 사람들은 상대와의 끊임없는 대화를 통해 서로 성격 차이가 있음을 분명히 인식할 수 있게 하고, 내가 이만큼 노력하고 있다는 것을 상대가 알게 하는 과정이 매우 중요합니다.

인간관계에서 내가 열심히 맞춰주고, 베풀고 있다는 것을 나만 알고 있으면 억울함과 배신감이 생길 수 있고, 이는 상호 간에 오해의 골을 깊게 만들기 때문에 결국 관계 갈등의 심각한 원흉이 될 수도 있습니다. 그러니 이제부터 내가 이 관계를 위해서 얼마나 노력하고 있는지를 천천히 알려주고, 그럼으로써 상대방도 나에게 맞춰줄 수 있는 따뜻한 상호관계를 만들어 나갈 수 있기를 응원합니다.

누가 내 옆에
끝까지 남게 될까?

예민한 사람들은 사소한 자극 하나에도 촉을 곤두세우게 하는 초예민성으로 하루하루가 너무나 지치고 힘들기 때문에 자극을 피하거나 자극이 될 만한 거리를 만들지 않으려 노력합니다. 최대한 자신의 예민함을 드러내지 않는 방식으로 말이죠. 바로 이 지점에서 '예민함'에 대해 당사자와 제삼자 간 인식의 차이가 발생합니다.

　흔히 생각하는 예민한 사람이란, 레스토랑에서 간이 안 맞는다며 바로 컴플레인하는 투덜이 이미지에 가깝습니다. 하지만 진짜 예민한 사람들은 '내가 여기서 괜히 컴플레인하면 친구가 불편하겠지?', '옆 테이블에서 이상하게 생각하지 않을까?', '직원들이 뒤에서 흉보겠지?' 등 여러 생각들을 머릿속에서 빠르게 저울질하다가 결국 '그냥 조용히 넘어가자'라고 생각하며 묵묵히 음식을 먹는 쪽을 선택합니다.

전자의 경우에는 단순히 '내가 왜 돈 주고 이 맛없는 음식을 먹어야 해'라는 불만들만 머릿속에 가득하다면, 예민한 사람들은 이에 더해 동석한 상대방의 마음, 식당 안에 있는 다른 사람들의 마음, 직원의 마음 등 짧은 시간에 어마어마한 양의 시뮬레이션이 머릿속에 교차하며 흘러가게 되고, 그 모든 마음을 생각했을 때 그냥 '나만 참으면 되지'라는 식의 결과로 귀착되는 것이죠.

일반적으로 사람들이 '나'를 중심으로 상황을 바라본다면 예민한 사람들은 '상황'을 중심으로 나를 바라봅니다. 아주 자연스럽게, 자동으로 주변 상황의 흐름이 머릿속으로 물밀듯이 밀려들기 때문에 이 상황에서 그나마 '내가 제일 덜 불편한 경우는 무엇일까?'를 종합적으로 판단합니다. 그리고 그 결과는 대부분 내가 상황에 적절히 맞춰줌으로써 불편한 분위기를 끝내는 것이죠.

예민한 사람들은 내 감정에만 예민한 것이 아니라 나를 둘러싼 공기 그 자체에도 무척 예민합니다. 한 공간 안에 나와 A, B, C, D 총 다섯 명이 있다면, 예민한 사람들은 최대다수의 최대행복을 위해 의사결정을 하는 경향이 있습니다. 그것이 비록 자신을 희생해야 하는 문제이더라도 말이죠. A, B, C, D가 불행하다면 이 4명이 느끼는 불행의 크기가 나의 행복의 크기보다 훨씬 거대하게 느껴지는 것입니다. 이것이 바로 세간의 선입견과는 다르게 예민한 사람들이 기가 막힌 팀 플레이어가 될 수밖에 없는 이유입니다.

예민한 사람들은 기질적으로 타인의 동태에 민감하게 반응합니다. 따라서 곁에 있는 사람들이 어떤 유형의 사람인지가 HSP의 마음에 크게 영향을 미칩니다. 가령 직장 동료들이 어딘가 어설퍼서 매일 실수를 한다거나, 정서적으로 불안정해서 걸핏하면 짜증이나 화를 낸다거나, 극도의 외향인이라 시도 때도 없이 항상 나와 뭘 같이 하려고 한다면 예민한 사람들은 주변의 동태에 일일이 신경 쓰느라 멘탈이 남아나질 못합니다.

일상에서 신경 써야 할 사람이 많으면 많을수록, 가뜩이나 예민한 HSP의 신경은 더욱더 날카롭게 곤두서게 됩니다. 비유하자면 예민한 사람들은 마치 성냥과도 같습니다. 어두운 환경에 있으면 불을 밝히기 위해 스스로를 소진시키는 것처럼 말이죠. 그렇다면 어떻게 해야 할까요? 간단합니다. 밝은 곳에 있으면 됩니다. 스스로를 갉아먹

어야 할 필요가 없을 만큼 밝은 곳 말이죠. 결국 HSP들의
인간관계 리스트에서 살아남는 사람들의 특징은 다음과
같습니다.

어떤 경우에서라도 최소한 1인분은 해내는 사람
정서적 안정성이 높아 늘 한결같은 톤을 유지하는 사람
독립심이 강해서 항상 적절한 거리 유지를 잘하는 사람

즉 아무런 신경을 쓰지 않아도 전혀 문제가 없는 사람,
나아가 때로는 아무 생각 없이 신경을 탁 놓고 있어도 이
사람 곁이라면 괜찮다는 믿음을 주는 유형의 사람입니다.
내가 이 사람을 신경 쓸 필요가 없다는 것 하나만으로 예
민한 사람에게는 매우 큰 정서적 위안이 될 수 있습니다.
어찌 보면 아무것도 아닌 것 같겠지만, 이 조건들이야
말로 예민한 사람들이 누군가와 깊은 관계로 발전할 수
있는가, 없는가를 결정하는 중요한 요인입니다. 남녀 관계
를 예로 들면, 내가 힘들 때 마냥 기댈 수도 없고, 내 허물
을 보여주지도 못할 관계라면 그게 무슨 의미가 있느냐고
생각하는 사람들도 많습니다. 사랑의 힘으로 서로의 빈틈
을 채워주는 게 당연하다고 생각하는 것이죠. 그럴 수 있

습니다. 다만 그 빈틈의 크기에 따라 사랑의 힘이 점점 더 약해질 수 있다는 것입니다.

결혼해서 아이를 갖는 문제 또한 마찬가지입니다. 부모가 될 때 아이로 인해 얻게 되는 즐거움과 아이로 인해 얻게 되는 괴로움의 부등호가 어느 쪽을 향하느냐는 굉장히 중요한 문제입니다. 흔히 육아 고수라 불리는 사람들은 선천적으로 이 부등호가 즐거움 쪽으로 크게 치우쳐 있는 경우가 많습니다. 그런데 육아는 원래 돌봄이 주된 일입니다. 내 아이가 아무리 귀엽다고 한들, 귀여움과 괴로움은 별개의 문제죠. 하루 종일 신경 쓸 일투성인 아이를 돌보는 일이란 가뜩이나 고단한 HSP들에게는 너무나 거대한 챌린지와 같습니다. 예민한 사람들은 아이들의 사소한 동태 하나하나에도 즉각적으로 신경이 곤두서기 때문에 이러한 몸과 마음의 긴장 상태를 결국 버텨내지 못하고 번아웃에 빠지는 경우가 굉장히 흔하게 발생합니다. 예민한 사람들에게 결혼과 육아란, 그만큼 큰 각오와 절실한 마음이 필요하다는 것이죠.

결국 예민한 사람들에게 중요한 것은 내 심리적 안전지대에 대한 경계선을 명확히 긋는 것 그리고 이러한 프라이버시를 인정해주는 사람을 만나는 것입니다. 간단해 보이지만, 현실적으로 결코 쉽지 않은 일이기도 하죠. 이처럼 예민한 사람들에게는 깊은 관계를 맺는 일이란 너무나 어려운 일입니다.

결혼, 해야 할까?
말아야 할까?

초예민성의 핵심적인 특징은 그 예민함의 성질이 외향성 예민이 아니라 내향성 예민이라는 점입니다. 예민함이 겉으로 드러나지 않고, 안으로 갈무리된다는 것이죠. 모두가 무던하다고 생각했던 사람이 사실은 엄청 예민한 성격인 경우가 많은 것도 이 때문입니다.

실제 성격과 보이는 성격 사이의 이러한 간극, 즉 자신의 예민함을 더 자극하지 않기 위해 오히려 무던한 사람처럼 구는 행동 패턴은 굉장히 지속적이고 강도 높은 노력이 필요한 일입니다. 이러한 패턴으로 예민한 사람들은 장기적인 관계에서 다른 사람보다 더 혹독한 노력이 필요합니다. 특히 결혼과 육아의 장면에서 정점을 찍습니다.

모든 일들에는 장점과 단점이 공존하죠. 결혼과 육아 역시 마찬가지입니다. 가족을 만들어가는 일이란 행복한 일만큼이나 불행한 일들도 수없이 생기기 마련이니까요. 여기서 문제는 스트레스에 대한 역치가 상대적으로 낮은 HSP들이 결혼과 육아가 선사하는, 차원이 다른 스트레스에 제대로 대처하기가 쉽지 않다는 점에 있습니다.

행복하기만 한 삶은 없습니다. 우리는 어떤 일에서든 일정 부분의 행복과 일정 부분의 불행을 동시에 겪게 됩니다. 다만 그 행복과 불행이 예상할 수 있는 수준인지, 예상할 수 없는 차원이 다른 수준인지의 차이일 뿐입니다. 물론 관계에서 이 행복과 불행의 연립방정식은 당사자들이 얼마나 배려하고 협력하느냐에 따라 그 결과값은 달라질 수 있습니다. 하지만 살면서 직간접적으로 경험해보니 현실은 이 연립방정식과는 달랐습니다. 그 이유는 사람들이 제각각 너무 다르다는 것에 있었습니다. 내가 배려라고 생각한 것이 상대방에게는 부담이 될 수도 있고, 내가 좋아하는 걸 상대방은 싫어할 수도 있으며, 내가 당연하다고 여기는 걸 상대방은 선택의 문제라고 생각할 수도 있으니까요.

가령 나는 배려한답시고 상대방 모르게 더 많은 부담을 지며 점점 힘에 부쳐 가다가 어느 날 갑자기 멘탈이 터져버렸다고 가정해봅시다. 이때 상대방에게 "내가 이렇게 지칠 때까지 넌 뭐했어?"라고 따질 수는 없습니다. 내가 일방적으로 행동한 결과이지, 상대방과의 소통을 통해 협의된 부분을 이행한 게 아니기 때문이죠. 상대방의 입장에서 생각해보면, 그동안 한마디 말도 없었다가 갑자기 "지금까지 나는 너무 많이 노력했고, 너무 큰 부담을 지고 있었다. 그래서 이제는 너무 힘들고 지친다"라는 말을 들으면 그저 황당하고 당황스러울 뿐이겠죠.

냉정히 말하면 예민한 사람들이 갖는 스트레스에 대한 취약함은 그들의 사정입니다. 가족 간에 발생할 수 있는 갈등을 원천 차단하고자 내가 더 노력하고, 내가 더 희생해야겠다고 결정한 것은 온전히 나의 선택인 것이죠. 이러한 속내를 알아주고 내 노고에 감사를 표하며 보답해줄 수 있는 사람들이 과연 얼마나 있을까요? 안타깝지만 HSP 자체가 굉장히 특수한 성격이기 때문에 여기에 맞춰줄 수 있는 사람을 찾기란 쉽지 않습니다.

그럼에도 만약 예민한 사람들의 이러한 속내를 미리 짐작하고, 그들의 노력에 고마움을 표시하기도 하며, 본인 또한 관계를 위해 노력을 아끼지 않는 사람이 있다면 그 사람은 HSP들에게는 더할 나위 없는 파트너가 될 수 있습니다. 그리고 이런 경우 상대방 또한 자신이 예민하다는 것을 자각하고 있는 HSP일 확률이 매우 높습니다. 상대방이 자신과 같은 유형임을 한눈에 알아보고, 동병상련, 이심전심의 마음으로 서로 배려하며 협력해나가는 사이가 되는 것이죠.

한편 부부 문제가 아니라 육아의 문제에서는 이러한 조합마저도 불리할 때가 많습니다. 둘 다 스트레스에 너무나 취약하기 때문에 통제 불가능한 존재인 아이들과의 시간을 부부 모두 감당해내기가 쉽지 않기 때문이죠. 따라서 육아까지 고려했을 때 최적의 조합은 '초예민 + 초둔감' 조합으로 달라집니다. 초예민자와 초둔감자가 만나면, 부부 문제에서는 초예민자의 분통이 자주 터지겠지만, 육아가 더해지면 초둔감자의 성격적 특성이 결혼 생활 전반의 스트레스들을 훌륭히 커버해줄 수 있기 때문이죠. 즉 코드는 잘 맞지 않더라도 대신 스트레스에 대한 대항력이 괜찮은 조합입니다.

예민한 사람들이 결혼과 같은 장기전에서 최적의 파트너를 만난다는 것은 비유하자면 테트리스에서 막대기 자리를 남겨놓고 막대기가 나오기만을 하염없이 기다리고 있는 것과 같습니다. 예민한 사람들에게 스트레스와 고통은 삶의 디폴트와도 같습니다. 혼자 사는 것도 힘든데 결혼까지 하고, 애까지 있다면? 아마 더더욱 지치고 힘들 겁니다. 현실적으로 결혼과 육아는 예민한 사람들에게 극한의 도전에 가깝습니다.

예민함을 연구하는 심리학자들은 HSP의 장점들을 열거해가며 연신 화이팅을 외치고 있지만, 제가 볼 때 현실적으로 예민한 사람들의 최대 장점은 바로 '그럼에도 불구하고 고통을 인내하며 성장한다는 점'이 아닐까 싶습니다. 예민한 사람들은 고통에서부터 벗어나고자 항상 더 나은 방법을 찾는 데 혈안이 된 인생을 살아왔기 때문에 결혼과 육아라는 난관에서도 아마 제각각 자신에게 맞는 최적의 방법을 찾아낼 겁니다. 고통은 항상 나를 돌아보게 만들고, 몰랐던 나의 면모들을 진하게 일깨워 주는 역할을 하기 때문이죠.

HSP에 대해 단언할 수 있는 점 한 가지는 예민한 사람들은 언젠가는 반드시 본인의 정체성을 완성한다는 것입니다.

불필요한
인풋을

차단하면서
나를 지키는 법

예민한 사람에게
환경이 중요한 이유

HSP들은 똑같은 풍경을 봐도 다른 사람들보다 훨씬 더 많은 것을 느낍니다. 이것은 감각적인 심미안일 수도 있고, 주변 환경의 미묘한 기류에 대한 즉각적인 알아차림일 수도 있으며, 나를 향해 밀려오는 온갖 부정적 자극들의 강제적 침범일 수도 있습니다. 즉 내 의사와는 상관없이 예민한 사람들의 뇌는 자동적으로 수없이 많은 자극들을 처리해야 한다는 겁니다. 주변의 온갖 자극들을 끌어당기는 자석인 동시에 오염 자극에 대한 필터링 기능은 전혀 없는 그야말로 모든 자극을 집어삼키는 블랙홀과도 같은 성격인 거죠.

이렇게 각종 자극에 대한 인풋을 무려 영아기 시절부터 훨씬 더 깊은 수준까지 처리해온 결과, 예민한 사람들의 뇌 신경회로는 보통 사람들보다 그 발달 상태가 상대적으로 월등합니다. 발달심리학에서는 어렸을 때부터 오감 놀이나 여러 가지 경험을 쌓는 일이 아이들의 뇌 발달을 촉진시킨다고 설명하는데, 감각 처리 기관이 선천적으로 민감한 사람들은 똑같은 환경에서 훨씬 더 많은 감각적 경험을 하므로 태어나면서부터 자동적으로 일종의 선행 학습을 한다고 볼 수 있습니다.

하지만 뇌 발달이란 측면에서 상대적으로 앞선 발전 속도를 보여주는 동시에 부정적 자극들에 대한 취약성 또한 높다는 약점을 안겨주기도 합니다. 이를테면 어린 시절의 트라우마 경험에 대한 정신적 충격은 HSP가 다른 사람보다 훨씬 더 강렬할 수 있는 거죠. 예민한 사람들에게 자극이란 막을 수 없는 존재에 가깝습니다. '타고난다(gifted)'는 것은 내 의사와는 상관없이 몸이 자동으로 반응한다는 것을 의미합니다. 따라서 이러한 선천성을 잘 활용하는 사람에게는 초예민성이 선물이 될 수도 있지만, 이러한 선천성에 압도당한다면 누군가에게는 초예민성이 저주가 될 수도 있는 거죠.

우리 뇌에 아웃풋 없는 인풋이란 없습니다. 이 말인즉슨, 어떠한 자극이 있으면 우리 뇌는 그 자극을 반드시 해석해야 한다는 겁니다. 이 자극이 생존에 어떠한 영향을 끼칠 것인가에 대한 판단을 내려야 한다는 거죠. 우리가 살면서 정확히 인지하지는 못하지만, 항상 시달려 왔던 스트레스가 있다면 그건 바로 충족되지 못한 종결 욕구가 불러일으키는 불안감입니다.

어떠한 부정적인 자극이 들어왔을 때 나에게 아무런 위협이 되지 않는 자극이라고 우리 뇌가 속 시원히 판단해야 하는데, 살면서 어떤 일들은 전혀 납득도 안 되고 이해도 되지 않은 채로 우리 뇌리에 남아 만성적으로 찜찜함과 불안감을 조성하는 경우가 많습니다. 해결되지 못한 문제가 내 마음속에 똬리를 튼 채 계속해서 나를 괴롭히고 있는 거죠. 독일의 심리학자 자이가르닉(Bluma Zeigarnik)은 인간의 이러한 종결 욕구에 대해 완결되지 못한 과제가 불러일으키는 내적 긴장감은 과제의 완성을 촉구하도록 하는 일종의 심리적 압박과 같은 역할을 한다고 설명한 바 있습니다. 이를 '자이가르닉 효과'라고 합니다. 문제 상황을 모두 해결하고 나서야 비로소 내면의 찜찜함이 가시게 된다는 거죠.

어떠한 자극에 대한 해석이 원활히 이루어지지 않을 때 인간이라면 누구나 찜찜함을 느낍니다. 이러한 심리적 불편함을 해소하기 위해서라도 우리는 납득이 될 때까지 계속 그 상황을 곱씹게 되죠. 그래서 누군가와의 관계에서 상대방이 미묘한 뉘앙스를 내뿜는 이야기를 했다면 예민한 사람들은 그것이 의미하는 바를 정확히 파악할 수 있을 때까지 계속 곱씹어 보는 습성이 있습니다. 이 역시 일종의 자이가르닉 효과로, 머릿속에서 확실하게 인지적 종결이 되기 전까지 계속해서 내적 긴장감에 시달릴 수밖에 없는 거죠.

이러한 내적 긴장감, 즉 스트레스는 필연적으로 자극의 유입이 많은 사람에게 더 많이 발생할 수밖에 없습니다. 예민한 사람들은 수많은 인풋을 해석하는 과정에서 반드시 미제 사건들을 경험하게 됩니다. 납득할 수 없는 문제들은 머릿속에서 똬리를 튼 채 인지적으로 종결이 될 때까지 지속적으로 나를 괴롭히게 되죠. 예민한 사람들은 이렇게 계속해서 지난 일들을 곱씹어 보느라 일종의 정신적 과잉 활동 상태에 빠지게 됩니다. 이것이 바로 예민한 사람들에게 환경이 특히 더 중요한 이유입니다.

반면 HSP의 대척점에 서 있는 둔감한 사람들, 즉 신경성이 매우 낮은 사람들은 감각적인 센서가 매우 둔하기 때문에 웬만큼 강렬한 자극이 아니고서는 대부분 입력되지 않고 그대로 튕겨 나가 버립니다. 인풋이 별로 없으니 인지적으로 종결지어야 할 문제도 별로 없고, 그에 따라 충족되지 못한 종결 욕구로 인한 불안감이나 스트레스도 별로 없습니다.

열악한 환경일수록 당연히 부정적인 자극들이 많아지고, 그 부정적 자극들을 소화시키는 데 더 많은 정신적 에너지가 소모되기 마련입니다. 이해할 수 없는 일들, 나와 계속 부딪히는 사람들, 상식적으로 설명할 수 없는 사건들. 이러한 인풋들은 도저히 지금 상황을 받아들이기 힘든 예민한 사람들에게 계속해서 인지적 미결로 인한 불쾌감을, 점점 더 쌓여만 가는 일종의 정신적 응어리를 선사합니다. 열악한 환경에 지속적으로 노출된다면, 이러한 응어리가 점점 커지면서 결국엔 마치 화병처럼 내 안에 자리 잡게 됩니다. 가슴 속에 커다란 납덩어리가 떡하니 놓여 있는 것처럼 말이죠.

예민한 사람들에게 초감각은 상대적으로 뛰어난 센스와 미적 감각, 영민함 등을 선물해주기도 하지만, 이처럼 범람하는 자극들에 휩쓸려 나 자신까지 빨려 들어갈 수도 있는 위험성 또한 지니고 있습니다. 위협 자극은 통상적으로 열악한 환경에서 파생되는 것이므로, 예민한 사람들이 자신에게 우호적인 환경을 선택해서 소화 가능한 자극 위주로 받아들이는 한편, 자신의 센스를 최대한 발휘할 수 있는 직업을 가질 수만 있다면, 우리는 그야말로 성공적인 HSP로서의 삶을 살아갈 수 있습니다.

여기서 의미하는 우호적인 환경이란, 소수정예의 인간관계, 프라이버시가 보장되는 직업환경, 물리적으로 안전한 생활환경 등 내가 통제할 수 있는 영역이 통제할 수 없는 영역보다 훨씬 더 넓은 환경을 의미합니다. 비록 생활반경이 상대적으로 좁아지고, 짜릿함과 쾌감, 활력은 다소 부족해 보일지 몰라도, 자신이 마음만 먹으면 뭐든 가능해 보이는 독자적 환경에서 사는 것이야말로 예민한 사람들에게는 최고의 선택이자 최상의 삶이라고 볼 수 있습니다.

부정적 자극이 가득한 곳에서
나를 지키는 방법

예민한 사람들은 갈등이 발생할 수도 있을 것 같은 상황은 아예 차단해버리기 때문에 그들의 예민함은 좀처럼 드러나지 않습니다. 스트레스에 너무나 취약해 어떻게 해서든 갈등을 피하고자 하는 HSP들의 이 수동적이고 수용적인 행동들로 인해 다른 사람에게는 오히려 둔감한 사람으로 보인다니, 참 아이러니하죠. 하지만 언제까지고 자신의 정체를 숨기며 참으며 살 수는 없습니다.

예민한 사람들에게 중요한 건 인생의 굵직굵직한 이벤트가 아닙니다. 그들에게는 지극히 사소하고 평범한 일상 그 자체가 매우 중요합니다. 즉 기본에 충실하면서도 안정적인 일상을 유지해야 합니다. 연애를 할 때도 어떤 때는 멜로, 어떤 때는 스릴러, 어떤 때는 새드 무비로 시시각각 변하는 자극적이고 긴장감 있는 상대보다는 일관적이고 무던한 사람이 훨씬 더 나은 상대일 수도 있습니다. 즉 스트레스에 취약한 예민한 사람들에게는 조직 생활보다는 프리랜서가, 연애보다는 싱글이, 결혼보다는 비혼이, 유자식보다는 무자식이 더 상팔자일 수 있습니다.

한편 이미 진중한 관계의 영역에 들어섰다면 예민한 사람들의 스트레스 지수는 극에 달할 겁니다. 어쩌면 일주일에 한 번 또는 그보다 더 자주 번아웃을 경험할지도 모릅니다. 수십 년간 다르게 살아온 두 사람이 합을 맞춰가는 과정인 결혼, 통제되지 않는 존재를 한 명의 올바른 인간으로 성장시키는 과정인 육아 등 이 영역에 들어선 순간 HSP들에게 스트레스와 번아웃은 마치 세금과도 같습니다. 피할 수도 없고, 주기적으로 지출해야만 하는 일종의 비용적 부담인 셈이죠. 하지만 그렇더라도 남 탓이나 신세 한탄은 금물입니다. 상대방이 원하는 모습대로 바뀌지 않는다고, 자녀가 통제되지 않는다고 탓하면 탓할수록 내 안의 분노와 화는 점점 커지기만 할 뿐이니까요. 예민한 사람들에게는 차라리 체념하고 받아들이는 쪽이 훨씬 더 낫습니다.

체념하고 수용하는 것에서 그치지 않고 이러한 내 모습에 스스로 자비심을 지닐 수 있다면, 예민한 기질이 선사하는 압박감에서 한층 더 자유로워질 수 있습니다. 예민한 기질로 고통받고 있는 나를 관조하면서 그런 나를 스스로 긍휼히 여기는 겁니다. 마치 부모가 예민한 성격으로 고통받고 있는 자녀를 따뜻하게 감싸 안아 주듯이, 스스로에게 자비심을 품고 따뜻한 마음으로 다가가 보는 것이죠. 이러한 자기 자비심(self-compassion)은 수많은 심리학 연구에서 주관적 안녕감(subjective well-being)을 높이고, 스트레스를 관리하는 데 탁월한 효능이 있음이 입증되었습니다. 이 분야의 선구적인 심리학자 중 하나인 크리스틴 네프(Kristin Neff)가 설명하는 자기 자비심의 요지는 다음과 같습니다.

1. 자기 자신에게 따뜻하고,
2. 실패는 인간이라면 누구나 겪는 인류 공통의 경험임을 깨달으며,
3. 감정에 과몰입하지 말고, 현실을 왜곡하지 않으며, 상황을 있는 그대로 바라보고 받아들이는 것.

즉 내가 어떤 사람이든 자신이 가진 측면을 있는 그대로 수용하는 것입니다. 그리고 그런 자신을 사랑하는 사람을 대하듯 따뜻한 마음으로 대해 주는 거죠. 예민한 사람들의 마음이 지금보다 더 편해지려면 나에게는 남들과는 너무나도 다른 측면이 있다는 것을 인정하고, 내가 가진 불편함이 그 누구의 탓도 아닌, 내가 가진 예민한 기질 때문일 수도 있다는 사실을 수용할 수 있는 용기가 필요합니다. 어쩌겠습니까? 이게 바로 나인 것을.

나를 받아들이고 어여삐 여길 수 있는 자기 자비심을 지닐 수 있다면, 아무리 힘들고 어려운 상황일지라도 무너지지 않고 꿋꿋이 그 고난을 헤쳐 나갈 수 있을 것입니다.

예민한 사람들은
도망을 잘 쳐야 한다

HSP들이 지닌 여러 가지 특징 중 삶의 질을 가장 떨어뜨리는 특징을 하나 꼽자면 바로 '스트레스 시뮬레이션'입니다. 예민한 사람들에게 삶이란 곧 스트레스의 연속입니다. 주위 사람들의 감정까지 끌어들이고, 매우 강렬한 감정 과몰입 상태에 빠지는 삶을 지속하다 보니, 예민한 사람들의 머릿속에는 스트레스에 대한 각종 상황별 스크립트들이 만들어집니다.

A가 곧 짜증 낼 것 같은 상황

A와 B가 곧 싸울 것 같은 상황

B가 곧 삐질 것 같은 상황

A가 곧 소리를 지를 것 같은 상황

예민한 사람들은 A와 B가 싸우지도 않았는데 미리 분위기를 감지해 싸우기 전부터 상황을 시뮬레이션하면서 불안, 짜증, 분노 등의 부정적 감정들로 마음이 요동치기 시작합니다. 실제로 스트레스를 유발시키는 자극이 일어나기 전부터 시뮬레이션을 통해 먼저 스트레스를 받는 셈입니다. 업무에 집중해야 하는 상황임에도 저쪽에서 A와 B 사이에 미묘한 기류가 흐르고 있다면, 예민한 사람들의 신경은 자신의 의지와는 상관없이 그 갈등 직전의 상황으로 온통 쏠리게 됩니다.

HSP들의 예민한 신경은 최우선으로 주변의 위협 상황부터 인지하게끔 진화되었습니다. 위협을 미리 감지해서 더 빨리 도망치거나 대비를 잘할 수 있도록 하는 일종의 방어기제였던 것이죠. 원시 시대에는 이 기제가 생존을 위한 유용한 능력이었겠지만, 현대 사회로 넘어와서는 괜히 사서 고생하는 골칫거리 기제가 되었습니다. 그럼 어떻게 해야 스트레스 시뮬레이션에서 조금이라도 자유로워질 수 있을까요?

최고의 방법은 일단 그 자리에서 벗어나는 겁니다. 화장실을 가든, 커피를 사러 가든, 산책을 가든, 어떠한 건수라도 만들어서 자극 거리가 밀집된 그 환경에서 재빨리 이탈하는 것이죠. 스트레스 자극이 있는 공간에 머물면 계속해서 부정적인 자극에 노출되므로 감정 과몰입 상태에서 벗어날 수 없습니다. 하지만 일단 환경이 바뀌면 리프레쉬가 되고, 물리적 거리가 생기면서 그 상황과도 심리적 거리가 생기게 됩니다.

유명한 사회심리 이론인 '해석 수준 이론(construal level theory)'에 의하면, 물리적 거리감과 심리적 거리감은 연동되는 경향이 있습니다. 몸에서 멀어지면 마음에서도 멀어진다는 거죠. 그러니 환경에서 재빨리 이탈함으로써 스트레스를 주는 사람 혹은 상황과 심리적 거리 두기가 이루어지면 마치 남 일 대하듯 감정적으로 별다른 영향을 받지 않을 수 있게 됩니다.

한편 그 자리에서 벗어난 후에도 계속해서 그 생각이 떠나지 않는다면 어떻게 해야 할까요? 일단 자리를 이동한 것으로 급한 불은 끈 셈이지만 예민한 사람들에게 '위협'에 대한 생각은 자신도 어찌할 수 없는 자동반사와 가깝기 때문에 다른 일을 하는 중에도 계속해서 떠올라 나를 괴롭힐 수 있습니다.

북극곰에 대해 생각하지 않으려고 한다면, 매 순간 저주스럽게 마음속에 떠오를 것이다.

도스토옙스키가 최초로 언급한 뒤 후에 심리학자들이 증명한 '백곰 효과'처럼, 백곰을 생각하지 말라고 하면 오히려 백곰을 더 많이 떠올리게 되는 것이 인간 뇌의 생리입니다. 따라서 생각을 막으려고 해서는 안 됩니다. 다만 생각의 관점만 바꾸는 겁니다. 1인칭 주인공 시점으로 생각하는 게 아니라, 내가 마치 사건의 관찰자가 되어 주변 상황을 객관적으로 살펴보듯 3인칭 관찰자의 시점으로 생각해보는 것이죠. 1인칭에서 3인칭으로의 관점 변화 또한 스트레스 상황에서 당사자의 심리적 거리감을 떨어뜨려 놓는 효과가 있습니다.

그러니 위협이 감지된다면 재빨리 도망치세요. 그 자리에 계속 앉아 있으면서 쓸데없이 감정 소모할 필요 없이, 재빨리 도망치는 것은 HSP들에게는 매우 현명한 행동이니까요.

아무것도 하지 않아도
피곤한 이유

우리의 뇌는 간단명료한 것을 좋아하기 때문에 절대적인 개념을 선호하는 경향이 있습니다. 가령 우리는 외롭다는 개념을 이해할 때 주변에 사람이 없을수록 당연히 더 외로울 거라고 생각하기 쉽습니다. 하지만 실제로 우리의 정신이 체감하는 감정은 보다 더 상대적입니다. 그리고 이 상대성은 언제나 내가 가지고 있는 기대와 연동(pairing)이 됩니다. 즉 내가 사람들과의 교류를 얼마나 기대하는지 그리고 현실에서 나는 그 기대치 대비 얼마나 사람들과 잘 교류하고 있는지에 따라 상대적으로 외로움이 체감되는 것입니다.

관계에 대한 기대치가 애당초 거의 없는 사람이라면 주변에 사람이 없어도 외로움을 잘 느끼지 않습니다. 반면 관계에 대한 기대치가 하늘을 찌를 정도로 높은 사람들은 주변에 사람이 아무리 많아도 오히려 풍요 속의 빈곤을 느끼게 됩니다. 이것은 마치 에스키모인이 느끼는 영하 5도보다 아프리카인이 느끼는 영상 5도가 상대적으로 더 춥게 체감되는 것과 비슷한 이치입니다. 그리고 이와 유사하게 우리가 느끼는 피로도 또한 단순히 일을 더 하고, 덜 하고의 절대적 문제라기보다는 우리가 스스로에게 걸고 있는 기대치에 따라 달라지는 상대적 개념이라고 볼 수 있습니다.

예민한 사람들이라면 해야 할 일을 하지 않고 놀거나 쉬고 있을 때 이상하게 더 축축 처지고 기가 빨리는 것 같은 기분을 느낀 적이 있을 겁니다. 이것은 데드라인이 임박하면서 느껴지는 압박감으로 인해 우리의 뇌가 스트레스 반응을 일으키게 된 결과입니다. 즉 몸은 편히 쉬고 있더라도 우리의 뇌는 보이지 않는 데드라인이라는 위협과 싸우느라 계속 긴장 상태에 놓여 있는 것이죠. "몸은 피곤해도, 마음이 편한 게 낫다"라는 옛말이 있듯이 몸이 피곤한 건 쉽게 해결할 수 있지만, 마음이 불편한 건 쉽사리 해결하기 힘들죠.

만약 깨끗한 걸 매우 좋아하는 사람이라면, 힘든 회사

일을 마치고 귀가한 후 아무리 피곤하더라도 먼저 씻고 집 정리를 하고 나서 쉬는 것이 훨씬 더 기분 좋은 선택일 겁니다. 왜? 청결함에 대한 기대치가 높은 사람은 그 기대치를 충족시키지 못하고 있는 상태에서는 계속해서 불편함을 느끼기 때문입니다. 정리된 상태가 아니면 쉬어도 쉬는 게 아닌 거죠.

반면 청결에 둔감한 사람이라면, 과도한 업무로 인해 녹초가 된 상태에서는 씻고 자시고 할 것도 없이 집에 오자마자 무조건 널브러지는 게 최상의 선택일 겁니다. 내 몸이 휴식을 원하고, 내 마음도 전혀 거리낄 게 없는 상태라면, 이럴 때의 휴식이야말로 온전한 100점짜리 쉼이라고 볼 수 있는 것이죠.

원시인들에게 위협은 사자나 하이에나처럼 눈에 보이는 것이 전부였겠지만, 현대인들에게 위협은 보이지 않는 정신적인 것들이 훨씬 더 많습니다. 그중 대표적인 것이 바로 앞서 언급한 데드라인에 대한 압박감입니다. 해야 할 일이 있는데 그것을 끝내지 못하고 있으면 우리는 계속해서 은은한 불안감에 시달리게 되죠. 이러한 스트레스는 활활 타오르는 장작불이라기보다는 잔열을 머금고 있는 숯불에 가까워서 의식적으로 알아차리기 힘듭니다. 그래서 계속해서 이 잔잔한 불안감과 불편함이 의식 저편에서 우리의 에너지를 갉아 먹고 있는 것이죠.

만약 우리가 딱히 해야 할 일이 없다면 그리고 딱히 이루고 싶은 것이 없다면 한량 같은 인생을 살아도 마음 편히 지낼 수 있을 겁니다. 그런데 한국 사회에서는 언제나 해야 할 일이 너무나도 많고, 이루어야 할 것들도 너무나도 많죠. 즉 각자의 마음속에 자신에 대한 기대 수준이 굉장히 높게 설정돼 있는 것입니다. 그리고 그러한 기대 수준은 내가 처한 현실과 연동되면서 우리가 체감하는 감정의 수준을 결정짓게 되죠.

이상적 자아와 현실적 자아의 괴리 ────────

저명한 심리학자 토리 히긴스(Tory Higgins)는 인간에게는 의무적 자아와 이상적 자아가 있으며, 이러한 자아들과 현실 속 나와의 괴리감이 커질수록 불안감과 우울감이 강해진다고 이야기합니다. 의무적 자아가 강한 사람이 그 기대치를 충족시키지 못하면 불안감을 느끼게 되고, 이상적 자아가 강한 사람이 그 기대치를 충족시키지 못하면 우울감을 느끼게 되는 것이죠. 즉 스스로에 대한 기준이 높을수록 현실과 기대 사이의 괴리는 커질 수밖에 없고, 불안이나 우울로 인해 에너지가 낭비될 위험성이 상대적으로 커지는 것입니다. 이러한 만성 스트레스는 인간의 기력을 지속적으로 갉아먹게 되고, 에너지가 없으니 자꾸만 쉬고 싶어지는 악순환에 빠지게 합니다. 하지만 쉰다고 해서 해결이 될까요? 오히려 아무것도 하지 않기 때문에 점점 더 불안해지고, 우울해지고, 피곤해지기만 할 뿐입니다.

자, 여기 두 가지 해결책이 있습니다. 첫 번째 방법은 나에 대한 기대치를 내려놓는 것입니다. 해야 할 일과 이루고 싶은 것들을 최소화하는 것이죠. "No pain, no gain"을 거꾸로 하면 "No gain, no pain"이 됩니다. 즉 얻고자 하는 게 없다면 더 이상 불안도, 우울도, 스트레스도 없을 거라는 의미이죠. 의무적 자아, 이상적 자아를 추구하기보다는 '현실 속 나'에 집중하면서 그저 현재에 충실히 살아가는 겁니다. 꼭 남들과 같은 길을 걸을 필요는 없습니다. 나만의 세계에서 자족하며 살 수 있는 삶, 이 또한 충분히 축복받은 인생입니다.

두 번째 방법은 'Just do it!', 그냥 뭐라도 하는 것입니다. 매일매일 조금이나마 생산적인 일들을 하면서 내 이상적·의무적 자아와 현실적 자아 간의 차이를 줄여나가는 겁니다. 청결한 사람이 아무리 힘들더라도 씻고 집 정리를 한 후에야 비로소 맘 편히 쉴 수 있는 것과 같습니다. 몸은 비록 힘들더라도, 마음은 편하고 만족스러우니 그것으로 충분한 것이죠. 몸의 피로는 잘 먹고 잘 자면 금방 회복될 수 있습니다. 관건은 내 마음이 불편하지 않고, 스스로 위협을 느끼지 않을 만큼 나 자신에게 떳떳할 수 있느냐의 여부인 것입니다. 이것이 바로 야심이 큰 사람들이 오히려 열심히 일할수록 정신적으로 활력이 넘치는 이유입니다.

호랑이를 꿈꾸지 않는 고양이는 평화롭습니다. 호랑이를 꿈꾸지만 아무것도 하지 않는 고양이는 괴롭습니다. 호랑이를 꿈꾸면서 열심히 노력하는 고양이는 활력이 넘칩니다. 이 중 어떤 모습을 선택할지는 각자의 선택에 달려 있습니다.

예민한 내가 진취적인 꿈을 좇겠다고 결정했다면, 오히려 덜 쉬고 더 열심히 노력하는 편이 훨씬 더 정신 건강에 이로울 겁니다. 하지만 만약 노력하지 않으면서 이상만 높게 가진다면, 내가 가진 예민성이 나의 정신적 고통을 한층 더 악화시키게 되겠죠. 물론 나에 대한 기대를 내려놓고 현재에 충실한 삶을 사는 것도 한 방법입니다. 다만 이렇게 살 거라면 남들과 비교하며 스스로를 저울질해서는 안 되겠죠? 각자에게는 저마다의 길이 있고 내가 선택한 길에서 만족을 느낄 수 있다면 그 선택이야말로 정답에 가까운 길일 테니까요.

나는 왜
할 일을 자꾸 미루는 걸까?

해야 할 일을 자꾸 미룬다고 무조건 그 사람을 게으르다고 단정할 수는 없습니다. 가령 자기 관리도 잘하고, 주변도 항상 깔끔하게 유지하고, 운동도 열심히 하는 사람이 대학교 과제나 시험 준비를 계속해서 미루다가 마감 하루 전에 급하게 해치우는 버릇을 가지고 있다면, 이런 사람을 단지 게으른 사람이라고 치부할 수 있을까요?

심리학에서는 이러한 미루기(procrastination)를 게으름과 구분하며, 사람들이 해야 할 일을 미루는 데는 게으름 때문이 아닌 각자의 이유가 있다고 설명합니다. 미루기의 유형은 다음의 세 가지 정도로 나눠볼 수 있습니다.

1 | 소극적 완벽주의자

완벽주의에는 두 가지 부류가 있습니다. 완벽을 추구하지만 노력은 부족한 소극적 완벽주의자와 완벽해지기 위해 절대적인 노력을 쏟아붓는 적극적 완벽주의자. 소극적 완벽주의자와 적극적 완벽주의자의 결정적 차이는 마음가짐에 있습니다. 전자는 실수나 실패, 타인의 평가 등을 두려워하며 즉각적 성공이라는 결과를 원하는 경향이 있습니다. 반면 후자는 오로지 완벽 그 하나에만 초점을 맞추기 때문에 이를 위해서는 그 어떠한 과정이라도 감내할 준비가 되어 있죠.

소극적 완벽주의자들은 자신의 완벽하지 않은 모습과 조우하는 상황을 매우 불편하게 여기기 때문에 스스로 100퍼센트 준비되었다고 생각할 때까지 일의 시작을 계속해서 미루고 연기하는 패턴을 보입니다. 이들은 항상 자신은 아무것도 하지 않는 게 아니라 완벽해지기 위해 준비하는 중이라고 생각하지만, 이는 100시간의 준비와 연습보다는 10시간의 실전과 시행착오가 더 많은 교훈과 깨달음을 줄 수도 있다는 것을 간과하는 것입니다. 예를 들어 기획사 연습생에게 오디션 프로그램 참가 제의가 들어온 상황에서 소극적 완벽주의자들은 자신의 완벽하지 않은 모습을 대중에게 보여주기를 꺼리기 때문에 아직은 때가 아니라고 생각하며 좋은 기회들을 놓쳐 버리게 됩니다. 하지만 한 번도 완벽해보지 못한 사람이 자신이 100퍼센트 준비되었다는 것을 어떻게 알 수 있을까요? 실패에 대한 두려움, 실수에 대한 불안 등이 실전에서 시행착오들을 거치며 단단해질 기회를 원천 차단하고 있는 것과 다를 바 없는 것입니다.

이들에게는 완성은 준비를 통해 이루어지는 것이 아니라, 실전에서의 실패와 시행착오들을 극복하는 과정에서 이루어진다는 생각의 전환이 필요합니다. 내가 진정으로 원하는 게 완벽해지는 것인지, 아니면 단지 실패하지 않는 것인지 고민해볼 필요가 있습니다.

2 | 습관성 회피주의자

소극적 완벽주의자들의 공포가 나의 완벽하지 않은 모습과 조우하는 것에 있다면, 습관성 회피주의자들의 공포는 불확실성과 변화 그 자체에 있다고 볼 수 있습니다. 현상 유지 편향(status quo), 즉 현재의 익숙함에 대한 선호는 모든 인간이 갖는 일반적인 경향성이지만 습관성 회피주의자들의 경우 이 익숙함에 대한 선호와 변화에 대한 혐오가 굉장히 극단적으로 나타납니다. 반드시 해야만 하는 일이라도 이전에 경험해보지 못한 일이라면, 자신의 무지와 불확실성이 주는 불쾌감으로 회피해버리는 것입니다. 언제까지? 그 일을 하지 않으면 나에게 심각한 타격이 될 때까지 미루고 또 미루는 것이죠.

심리학에서는 이들을 자기 파괴자(self-saboteur)라고 부르기도 합니다. 변화와 불확실성이 싫다는 이유만으로 현실 도피를 통한 당장의 편안함만 추구하기 때문에 현대 사회의 경쟁 체제에서 도태될 가능성이 매우 크기 때문이죠. 회피라는 생활 태도는 결국 어떤 특정 종류의 공포로부터 도망치고자 하는 동기의 표출이라고 볼 수 있습니다. 하지만 그 공포를 극복하는 것이 나의 생존에 꼭 필요한 일이라면, 두렵고 싫다는 이유로 외면하면 할수록 사회 속에서의 내 위치는 계속해서 뒤로 처지기만 하겠죠.

'의무'라는 것은 결국에는 해야 한다는 것을 뜻하고, 더 이상 뒤로 미룰 수 없는 데드라인이 존재함을 의미합니다. 아무리 현실 도피를 통해 당장의 불편함을 떨쳐내려 한들 계속해서 뒤로 미루기만 한다면 시간이 지남에 따라 점점 더 불안에 떨고 있는 나 자신을 발견할 수밖에 없을 겁니다.

매도 먼저 맞는 게 낫다는 말이 있듯이 하기 싫은 일부터 처리하는 습관을 제대로 들일 수 있다면 앞으로 여러

분이 인생에서 겪게 될 불안의 총량을 획기적으로 줄일
수 있을 것입니다.

3 | 아드레날린 중독자

이 유형의 특징은 '마지막 순간의 아드레날린(last-minute
adrenaline)'이라고 표현하기도 하는데 쉽게 말해서 벼락치
기를 해야 효율이 극대화된다고 생각하는 유형입니다. 즉
데드라인 하루 이틀 전이 아니면 어차피 집중도 안 되고
머리도 안 돌아가는 것 같으니 일단은 쉬고 그때 가서 시
작해도 충분하다고 생각하는 것이죠.

재밌는 점은 이 유형의 사람들은 사실 꽤 유능한 편이
라는 점입니다. 벼락치기로 어느 정도 성과를 거둔다는 것
은 유능성이 뒷받침되지 않고서는 힘든 일이죠. 똑똑한 사
람들은 성실하지 않다는 속설이 있는데 실제로 자기효능
감과 자제력은 서로 반비례하는 패턴을 보이기도 합니다.

난 언제든지 해낼 수 있어. 그러니 당장은 좀 놀아도 돼.
난 언제든지 살 뺄 수 있어. 그런데 그게 오늘부터는 아
니야.

이들은 발등에 불이 떨어졌을 때 극도의 집중력을 발휘하여 일을 잘 마무리한 경험이 많기 때문에 계속된 강화(벼락치기→성공)를 거쳐 이러한 상황에 길들여진 것입니다. 즉 벼락치기 상황이 아니라면 일을 시작할 마음의 준비 자체가 되지 않는 것이죠.

사실 아드레날린 중독자들은 꽤 유능하기 때문에 이 패턴 그대로 쭉 가더라도 큰 문제는 없습니다. 따라서 이 경우에는 앞선 두 사례와는 다른 관점이 필요합니다. '변하지 않으면 안 돼'의 개념이 아니라, '변하면 더 잘할 수 있어'의 개념으로 접근하는 것이죠. 하루 이틀의 시간만으로도 어느 정도 성과를 내는 사람들인데 미리미리 준비해서 더 많은 공을 들인다면 당연히 더 뛰어난 성과를 거둘 수 있지 않을까요?

예민한 사람의
회피'력'

센터에 오시는 분 중 '이대로 계속 회피하면서 살아도 괜찮은 걸까요?'라는 고민을 토로하는 분들이 굉장히 많습니다. 그럴 때 저는 보통 "회피형은 그럴 만한 이유가 있으니 주관적 안녕감을 위해서라면 회피형 패턴을 계속 유지하는 것이 자연스러운 흐름입니다"라고 답합니다. 사람이 뭔가로부터 도망치려고 한다면 반드시 그에 대한 이유가 있는 법입니다. 즉 회피형 패턴을 이끌어내는 여러 원인은 하나같이 그럴만한 개연성을 갖추고 있다는 얘기죠.

사람들의 성격을 분석하면 할수록 느끼는 건 인간의 내면에는 맞서 싸우려는 본능과 회피하려는 본능이 적절하게 공존한다기보다는 어떤 사람은 싸우려는 본능이 훨씬 더 강하고, 또 어떤 사람은 회피하려는 본능이 훨씬 더 강하다는 점입니다. 이러한 차이가 발생하는 이유는 대체로 기질적인 부분에서 개인차가 있기 때문입니다. 예민한 사람들의 경우 스트레스를 체감할 때 보통 사람들보다 훨씬 더 심한 정신적 고통을 겪게 되므로 고통 회피의 본능에 따라 자연스럽게 위협으로부터 도망치려는 패턴을 보이는 것이죠. 굳이 선후 관계를 따지자면, 회피는 결과에 해당합니다. 즉 선천적으로 회피 성향을 타고나는 게 아니라, 어떠한 원인으로 인해 결과적으로 회피형 행동 패턴이 조성되는 것입니다.

회피형 패턴으로 이끄는 원인 중 대표적으로 많이 알고 있는 것이 바로 불안정한 애착 관계입니다. 아이가 부모와의 관계에서 만성적으로 심한 스트레스에 노출되면 타인과의 관계를 고통의 원천으로 인식하는 세계관이 형성되면서 사람들과 깊은 관계를 맺는 상황 자체를 무의식적으로 회피하게 되는 것입니다. 불안정 애착으로 인해 '타인과의 관계=고통의 원천'이라고 규정하는 것이죠. 이렇게 인간관계에서 회피형 패턴이 생기면 HSP들은 스트레스에 유달리 취약한 기질적 측면으로 인해 인간관계뿐만 아니라 고통스러운 상황 자체에 대해 회피형 패턴을 형성하게 됩니다. 우리가 육체적 상처를 입을 만한 행동은 하지 않는 게 당연하듯 정신적 상처를 입을 만한 행동을 하지 않는 것 또한 지극히 자연스러운 행위입니다.

다시 질문으로 돌아가서, 이대로 계속 회피형으로 살아도 괜찮은 걸까요? 오히려 회피했기 때문에 이제껏 무수한 정신적 고통을 피해 올 수 있었던 것은 아닐까요?

저는 개인적으로 회피라는 단어보다는 회피'력'이라는 단어를 선호하는 편입니다. 즉 회피를 단순히 도망치는 것으로 간주하기보다는, 잠재적 위협 거리들을 포착해 이를 무사히 피해 갈 수 있도록 돕는 역량이라고 보는 것이죠. 게임으로 치자면 몬스터들과 마주칠 때마다 신속히 회피해냄으로써 계속 체력을 유지한 채로 모험을 다닐 수 있는 것과 비슷한 상황이랄까요?

몬스터를 때려잡지 않으면, 경험치와 돈을 획득하지 못하잖아요.
그렇게 피하기만 하면 레벨업은 언제 하나요?

자신의 회피형 패턴에 대해 고민하고 있는 사람들은 대체로 위와 같은 딜레마에 빠져 있다고 볼 수 있습니다. 내가 진취적으로 뭘 하고자 하는데, 뭘 이루고 싶은데, 도저히 이 회피형 패턴 때문에 'Just do it!'을 할 수 없는 거죠. 특히 성격 분석을 할 때 이와 같은 딜레마를 강제하는 성격 조합을 많이 목격할 수 있습니다. 고 개방성(오픈 마인드), 고 외향성(자극 추구), 고 성실성(성취 욕구)은 통상 진취적 행동을 유발하므로 이러한 성격에 초예민성 같은 회피 유도형 성격이 결합될 경우 진취성과 회피성이 내적으로 충돌하면서 지속적인 딜레마 상황에 놓이게 됩니다. 가령 외향적이면서 성실한 사람이 동시에 HSP라면, 적극적으로 일을 많이 벌이지만 그 과부하를 견뎌내지 못하고 결국엔 더 빨리 번아웃에 빠지는 거죠. 반면 야심이 없고 소박한 유형의 HSP들은 회피형 패턴을 유지하는 것이 곧 불행을 피하기 쉽다는 측면에서 오히려 정신 건강에 이롭다고 볼 수 있습니다.

그렇다면 야심과 이상을 내려놓을 수 없는 진취적인 회피형 인간들은 어떻게 살아야 하는 걸까요? 결국 에너지 관리의 문제입니다. 내가 꼭 이루고 싶은 목표가 있다면, 그 목표에 도달하기까지 버텨내기 위해서는 다른 종류의 스트레스들은 원천 차단할 수 있어야 멘탈을 끝까지 유지할 수 있는 거죠. 내 커리어를 위해서라면 일을 위한 스트레스는 죽을 둥 살 둥 버텨내면서 다른 방면의 스트레스는 최대한 나에게 오지 않게끔 해야 합니다. 그중 하나가 불필요한 인간관계로 인한 스트레스는 철저하게 차단하는 것입니다. 인간관계만 최소한으로 운용할 수 있어도 상상외로 많은 에너지를 절약할 수 있으니까요.

상담을 하다 보면 회피형 패턴을 보이는 사람 중에서는 잘 맞지 않는 친구와의 관계를 정리하느냐, 마느냐로 고민하는 경우가 참 많습니다. 애당초 회피형에게는 인간관계에서 끝없는 정리 정돈은 일어날 수밖에 없습니다. 고민을 얼마나 오래 하느냐의 문제이지 결국 어떤 식으로든 정리가 된다는 거죠. 고통이 임계치를 돌파하게 되면 정이고, 의리고 내 정신 건강을 먼저 생각할 수밖에 없으니까요. 어차피 시간이 지나면 정리될 인연, 고통이 임계치에 다다를 때까지 참고 견디느니, 그 전에 마음을 독하게 먹고 관계를 정리하면서 에너지를 비축해놓는 게 장기적으로는 훨씬 더 나은 선택일 겁니다.

이런 식으로 에너지 관리를 해나가면서 박박 긁어모은 에너지를 한 곳에 집중시켜 진취적인 커리어를 만들어나가는 거죠. 에너지 관리에 대한 선택과 집중의 전략과 내 야심을 위해 일정량의 스트레스까지 감수하겠다는 의지가 없으면 진취적인 회피형 인간의 자아실현은 결국 꺾일 수밖에 없습니다. 그렇게 되면 너무나도 아프겠죠. 희망과 포부를 잃게 될 때의 아픔은 사회생활을 하면서 얻게 되는 스트레스들만큼이나 고통스럽게 다가오는 법니까요.

저처럼 별 탈 없이 잔잔하게 사는 게 중요한 사람에게는 아무리 회피형 인간일지라도 결코 물러날 수 없을 만큼 의미 있는 무언가를 가지고 있다는 건 참 멋있다는 생각이 듭니다. 온갖 회피를 통해 모은 에너지로 결국 자아실현을 이뤄내는 진취적인 회피형 인간들의 피날레라니, 참 멋지지 않은가요?

나는 왜 이렇게
운전하는 게 싫을까?

A와 B는 절친 사이로 얼마 뒤 해외여행을 가기로 약속이 돼 있다. 이번 여행을 주도한 B가 평소에 가 보기 힘든 곳들을 보고 오자며 렌터카 여행을 제안했고, 예민한 성격의 A는 새롭고 특이한 곳들을 가 볼 수 있다는 설렘 반, 익숙하지 않은 타국에서 운전해야 한다는 불안감 반이 섞인 애매한 감정에 며칠 동안 시달리고 있었다.

그러던 어느 날 A가 B에게 타국에서 운전하는 게 아무래도 신경이 쓰인다고 말하자, B는 별문제 없다는 듯 자기가 운전을 도맡아 할 테니 너는 따라만 오라는 식으로 이야기했다. 하지만 A에게는 그것도 문제였다. 운전하는 것도 싫지만, 친구가 고생하는데 나만 옆에서 편하게 가는 건 더 불편하고 싫었기 때문이다. 이런저런 생각에 A는 아예 여행을 취소하고 싶어졌다.

인지심리학자들은 멀티태스킹을 일컬어 생산성 하락의 원흉이라고들 표현합니다. 오히려 하나의 일에 집중하는 것만도 못하다는 것이죠. 우리는 흔히 음악을 들으며 책을 읽거나 공부하곤 하는데, 이러한 패턴은 실상 그 효율성이 매우 떨어지는 방식입니다.

한 실험에서는 껌을 씹으면서 단어를 외우게 했더니 단어만 외우게 한 조건보다 단어 암기력이 20퍼센트가량 떨어지는 결과가 나왔습니다. 단순히 껌을 씹는 행위조차 인간의 집중력을 알게 모르게 흩뜨리는데, 음악을 들으며 공부한다는 건 훨씬 더 나의 집중력을 산만하게 만드는 일이겠죠. 애당초 멀티태스킹은 한정된 자원, 즉 정신력을 몇 갈래로 나누어 써야 하는 것입니다. 온전히 집중해도 모자랄 판에 그 적은 자원을 또 쪼개 써야 하니 주요 과제에 대한 생산성이 떨어질 수밖에 없겠죠.

평소에 본인이 멀티태스킹에 능하다고 생각하는 사람들은 사실은 둔감한 성격을 지니고 있을 가능성이 매우 높습니다. 자기 딴에는 멀티태스킹이라고 하지만 실제로는 하나의 과제에만 정신이 집중돼 있고, 다른 과제는 신경을 쓰고 있지 않은 거죠. 그렇게 하나를 하고 나서 재빨리 다른 과제로 주의 집중력을 옮기는 겁니다. 즉 스위치를 껐다 켰다 하면서 두 개의 과제를 번갈아 하는 것인데 스스로는 멀티태스킹을 하고 있다고 착각하는 것이죠.

이러한 스위치 ON/OFF는 지금 당장 눈앞에 있는 두 개의 과제 중 중요도가 떨어지는 다른 하나에 대해서는 신경을 덜 쓸 수 있어야 가능합니다. 둔감한 사람들에게는 초점이 맞춰진 특정 대상 하나에만 집중할 수 있는 기질적 기반이 있습니다. 둔감하다는 것이 애당초 소소한 주변 자극들에 신경을 쓰지 못한다는 의미이기도 하니까요.

반면 예민한 사람들에게는 일상 자체가 곧 멀티태스킹의 연속이라고 볼 수 있습니다. 원치 않아도 주변의 자극들이 내 감각에 잡히므로 어쩔 수 없이 신경을 쓰게 될 수밖에 없는 거죠. 즉 나는 단어만 집중해서 외우고 싶어도 카페 안에서 나지막이 흘러나오는 음악에 자꾸만 신경이 분산되는 겁니다.

'여러 자극에 신경을 더 잘 쓸 수 있으면 당연히 멀티태스킹도 더 잘할 수 있는 거 아닌가요?'라는 의문이 들 수도 있습니다. 그럴 수 있습니다. 다만 예민한 사람들의 정보 처리 용량이 그만큼 거대해야겠죠. 하지만 예민한 사람들이 타고난 건 예민한 감각이지, 월등한 정신력이 아닙니다. 즉 한정된 뇌 용량 안에서는 아무리 신경을 잘 분산해봤자 별다른 소용이 없다는 겁니다.

예민한 사람들에게 대상의 미묘한 변화를 알아차리게 하는 과제를 주면, 보통 사람들보다 오히려 시간이 더 오래 걸리는 경향이 있습니다. 왜 그럴까요? 예민할수록 세부 사항에 더 많은 주의를 기울이고, 더 많은 에너지를 쓰기 때문입니다. 즉 보통 사람들은 '이게 정답이다' 싶으면 다른 디테일은 무시하는데 예민한 사람들은 무엇이 다른지 알았더라도 다른 세부 사항들을 계속해서 살펴보는 겁니다.

모든 디테일을 다 살펴보고 나서야 비로소 답을 내리니 시간이 상대적으로 오래 걸릴 수밖에 없는 거죠. 어떻게 보면 주변 자극들에 꽂히는 내 주의를 자의적으로 거두어들이지 못하는 셈입니다. 자극이 존재하는 한 반드시 그것을 둘러보고야 마는 감각을 선천적으로 타고난 것이죠. 그러니 이들의 일상이란 멀티태스킹의 연속일 수밖에 없습니다. 회사에서 일을 하면서도 다른 사람들의 동태에 신경이 분산되고, 집에서 요리를 하면서도 아이들이 무엇을 하고 노나 신경이 분산되고, 이런 식으로 주의 집중력

이 사방으로 분산되니 정작 제일 중요하고 시급한 일을
할 때 에너지가 딸리는 것이죠.

　예민한 사람들에게는 운전이야말로 가장 위협적인 멀
티태스킹입니다. 운전할 때는 HSP들의 뇌 속으로 엄청난
양의 위협 정보들이 시시각각 유입되기 때문에 가뜩이나
예민한 이들의 감각 처리 시스템은 그야말로 완전히 달아
오르게 됩니다. 쉽게 말해서 전후면, 좌우방을 동시에 봐
야 한다는 것 자체만으로도 예민한 사람들에게는 엄청난
압박이 되는 겁니다. 이처럼 내 차를 둘러싼 모든 세부 상
황에 엄청난 신경과 에너지를 쏟게 되기 때문에 HSP들에
게는 운전하는 것 자체가 피곤하고 피하고 싶은 일이 될
수밖에 없습니다.
　또 예민한 사람들이 운전대만 잡으면 흥분을 잘하는 것
도 이와 마찬가지의 이유 때문입니다. 애당초 운전대를
잡는 순간부터 예민한 사람들에게는 일말의 여유조차 없
습니다. 내 모든 에너지가 주변의 위협 요인들을 감지하
고 회피하는 데 소모되고 있기 때문에 극도로 신경이 곤
두서고 날카로워질 수밖에 없는 거죠. 예민한 사람들에게
도로 위란 마치 원시인들에게 있어서 사냥터와 같은 환

경이라고 볼 수 있습니다. 예민한 원시인들이 사냥터에서 더 잘 살아남을 수 있었듯이 예민한 현대인들 또한 그 누구보다도 안전하게 운전하는 무사고 운전자들일 겁니다. 하지만 운전하는 것 자체가 이들에게는 극도의 스트레스가 될 수 있으므로 최대한 운전할 일을 만들지 않는 것이, 차라리 대중교통을 이용하는 것이 예민한 사람들에게는 평화로운 일상과 정신 건강에 더 좋은 방법입니다.

원시인처럼
살아라

인류의 역사를 하루 24시간에 비유해보면 현대인으로 산 시간은 채 20초도 못 됩니다. 즉 인류는 진화의 과정 중 대부분의 기간을 원시인으로 보냈다는 얘기죠. 따라서 진화의 방향성은 원시인들의 생존에 최적화된 방향으로 이루어졌으며, 상대적으로 역사가 짧은 현대인들의 뇌는 구석기 시대에서 크게 달라지지 않았습니다. 이를 두고 진화생물학자들은 다음과 같이 표현합니다.

진화의 시계추는 여전히 구석기에 멈춰 있다.

현대의 환경은 급변했지만 우리의 뇌는 여전히 구석기에 머물러있다는 점, 바로 이 지점에서 현대 사회의 수많은 문제가 파생됩니다. 그중 가장 심각한 문제는 바로 도파민 과잉 현상입니다.

　현대인의 신체와 정신은 구석기 기준으로 세팅돼 있습니다. 물론 기술의 발달로 일상생활에서의 효율성은 급증했지만, 문제는 효율성의 상승이 그 정도를 초과해 시스템을 파괴하는 지경에까지 이르렀다는 점입니다. 열악했던 환경을 기준으로 세팅된 인류의 시스템과 그때와는 비할 수 없이 호전된 환경 속에서 살아가고 있는 현대인들. 현대의 신체적 · 정신적 질병들은 대부분 이 둘 간의 불협화음에서 출발합니다.

　가령 도파민은 원래 원시 인류로 하여금 생존에 필수적인 활동을 하게끔 유도하는 일종의 뇌 속 마약 물질 기제였습니다. 섭식 행동이나 성적 행동, 사회적 활동 등은 원시 인류가 살아남고 번성하기 위해 꼭 필요한 활동들이었고, 우리의 뇌는 이러한 활동을 성공적으로 수행해낸 개체들에게 그에 대한 보상의 일환으로 도파민이라는 신경전달물질을 통해 강력한 쾌감을 선물한 것이죠.

　음식을 찾아다니기 위한 노력 → 맛있다는 쾌감

　이성과 잘 지내보려는 노력 → 사랑이라는 쾌감

　인정받기 위한 노력 → 자존감이라는 쾌감

도파민은 뇌 속 보상회로에 관여하는 신경전달물질입니다. 생존에 꼭 필요한 어떠한 행동을 했을 때 그 결과로 쾌감이라는 보상을 줌으로써 그 달콤함을 잊지 못하고 계속 그러한 활동을 추구하게끔 유도하는 것이죠. 원시인들은 이러한 쾌감을 다시 맛보기 위해 엄청난 시간과 노력이라는 비용을 들여야만 했을 겁니다. 즉 도파민 시스템은 원래 비용과 보상이라는 인과관계가 명확한 기제였던 것이죠.

하지만 지금 우리는 어떠한가요? 현대 사회는 노력 없는 보상이 넘쳐납니다. 그야말로 손쉬운 쾌감이 만연한 시대이죠. 원시인 선배들은 쉬지 않고 움직여야만 약간의 도파민을 얻을 수 있었다면, 현대인들은 가만히 앉아서 또는 누워서도 그의 몇십 배에 달하는 도파민을 손쉽게 얻을 수 있습니다.

스탠퍼드의 신경의학자인 애나 램키(Anna Lembke)를 비롯한 다수의 과학자는 현대 사회의 도파민 과잉이 도파민에 대한 뇌의 둔감화 현상을 가속화하고 있으며, 이로 인해 노력-보상이라는 뇌의 기본 세팅이 점점 무너지고 있다고 주장합니다. 손쉬운 쾌감에 길들여진 사람들은 점점 더 해당 행위들에 몰입하게 되고, 잔뜩 달아오른 도파민 시스템은 마치 너무 많이 사용돼 탄성을 잃고 늘어져 버린 스프링처럼 점점 더 무뎌져 갑니다. 이 과정에서 쾌감을 얻기 위한 최소 역치는 점점 더 높아지기 때문에 현대인들은 예전보다 더 강렬한, 더 짜릿한, 더 흥분되는 자극을 찾아다니는 데 혈안이 돼 있죠.

원래대로라면 도파민 시스템은 우리가 죽을 때까지 별 탈 없이 정상적으로 작동해야 합니다. 하지만 지금은 도파민 과잉으로 인해 그 사용 기한이 점점 줄어들고 있습니다. 무분별한 쾌감의 남용이 쾌감에 대한 면역 현상을 낳게 된 것이죠. 즉 도파민 과잉은 미래에 얻을 쾌감을 미리 당겨쓰는 일종의 쾌감 대출인 셈입니다.

도파민의 탄성이 얼마나 늘어져 버렸는가는 우리가 갚아야 할 대출의 양과 비례하며, 노력 없는 쾌락에 길들여질수록, 인생 노잼 시기는 그만큼 앞당겨집니다. 뭘 해도 재미가 없고, 인생이 무료하게만 느껴지는 것은 망가져 버린 도파민 시스템에 갚아 나가야 할 일종의 부채라는 거죠.

이 심리적 대출을 갚기 위해서는 반드시 도파민 시스템을 리셋시켜야 합니다. 그리고 도파민 디톡스가 바로 그 방법입니다. 마치 자연이 자정 작용을 통해 <u>스스로를</u> 정화하는 것처럼 마찬가지로 우리의 뇌가 <u>스스로</u> 도파민 보상기제를 리셋할 수 있도록 충분한 시간을 주는 것입니다.

그렇다면 도파민 디톡스를 잘해내기 위해서는 어떻게 해야 할까요? 방법은 단순합니다. 현대인의 삶에서 멀어지면 됩니다. 즉 원시인처럼 살아 보는 것이죠. '원시인처럼 산다'는 것은 더 많이 움직이고, 더 많이 노력하며, 더 적게 먹는 것을 의미합니다.

하버드의 저명한 정신의학자 존 레이티(John Ratey)는 운동이야말로 모든 정신건강의학과 의사들의 꿈의 치료 방법이라고 이야기합니다. 실제로 운동은 우울증 치료제인 프로작, 졸로푸트 등과 비슷한 효과를 내는 것으로 알려져 있으며, 현대인들이 지니는 대부분의 심리적 질환은 앞서 이야기한 구석기 뇌의 현대 사회 적응 문제에서부터 비롯되죠. 따라서 우리의 일상생활을 원시 시대에 가깝게 세팅해주는 것만으로도 현대 사회 질병의 많은 부분이 개선될 수 있습니다.

또한 우리의 뇌는 더 많이 움직일수록 건강해집니다. 신경과학자 다니엘 울퍼트(Daniel Wolpert)는 뇌가 존재하는 이유는 더 잘 움직이기 위해서라고 설명합니다. 인류가 직립보행을 하기 시작하면서 두 손과 두 발의 다채로운 협응 능력을 키워나가는 과정 중에 필연적으로 뇌 용량이 커지게 되었고, 이러한 초정밀의 운동 능력은 엄청난 양의 시냅스 간 연결이 아니고서는 불가능한 업적입니다. 실제로 현대의 최첨단 로봇들조차 그 움직임은 여전히 유아 수준에 머무르고 있다는 점을 감안해보면 인류의 뇌가 더 잘 생각하기 위해서라기보다는 더 잘 움직이기 위해 존재한다는 가설은 상당히 설득력 있어 보입니다.

이와 같은 측면에서 볼 때 우리가 도파민 디톡스를 하는 과정에서 더 많이 움직이고, 더 많이 손발을 놀리고, 더 많이 운동한다면 우리 뇌에 건강한 자극이 가해짐으로써 그만큼 정신적 활성화 수준 또한 개선될 것이라 짐작해볼 수 있습니다. 운동이 신체뿐만이 아니라 정신 건강에도 긍정적인 영향을 미친다는 사실은 이미 과학적으로 검증이 끝난 영역입니다.

한편 도파민 디톡스를 통한 대출 청산에 성공했다 한들 '이제 됐다'라는 생각에 쾌감을 당겨쓰는 행동을 또다시 반복한다면 반드시 요요현상이 뒤따를 수밖에 없습니다.

따라서 도파민 디톡스와 반드시 병행해야 하는 것이 바로 정상적인 노력과 그에 따른 보상회로를 강화시키는 일입니다. 즉 사소한 활동들을 통해 합당한 보상감과 성취감을 맛보는 것이죠.

거창하게 생각할 필요 없습니다. 아니, 거창하게 하려면 오히려 방해만 됩니다. 도파민 회로가 리셋된 상태에서는 5분의 독서나 밀린 집안일 하기, 잠자기 전 일기 쓰기 같은 것들로도 충분할 만큼의 성취감을 획득할 수 있습니다. 이런 식으로 우리가 노력과 보상의 인과관계를 충분히 경험하고 나면 그때부터는 노력할 때마다 일종의 달콤한 기대감이 생기게 됩니다. '이걸 하고 나면 기분이 좋아지겠지?' 하는 기대감이 동반되는 노력이라면 당연히 그 과정도 한결 쉬워지기 마련이겠죠.

현대인들이 노력을 버거워하는 이유는 노력 없이도 얼마든지 즐거움을 얻을 수 있기 때문에 노력이라는 고통을 인내할 필요가 없는 삶에 너무나도 길들여져 버렸기 때문입니다. 분명 우리도 어렸을 때는 사소한 노력, 사소한 행동 하나하나에 기뻐하고 충분할 만큼 성취감을 느껴왔습니다. 다만 지금은 도파민 과잉으로 인해 그 느낌을 잠시 잊어버렸을 뿐 도파민 디톡스와 사소한 자기계발 거리들을 통해 얼마든지 그 감각을 되살릴 수 있습니다.

원시인처럼 심플하게 살기와 노력이 동반된 성장의 달콤함을 맛보는 것. 이는 도파민 과잉 시대에 예민한 사람들의 건강한 삶을 지켜줄 소중한 루틴이 될 수 있을 것입니다.

타인의
감정에

휘둘리지
않으려면

영향력 편향과
초점주의

예민한 사람들은 의사결정을 할 때 얼마나 합리적인가보다 '내가 얼마나 행복할까?', '불행하지 않을 수 있을까?' 식의 감정 의존적 패턴을 보이기도 합니다. 인간관계, 그 중에서도 연애나 결혼에 대한 의사결정이 대표적입니다. 연애를 시작하거나 끝낼 때, 결혼을 결정할 때나 이혼의 기로에 서 있을 때 예민한 사람들은 의사결정을 위해 현재의 감정뿐만 아니라 과거의 경험과 미래에 대한 자신의 감정까지도 예측해내려 합니다.

'이 사람과 함께라면 행복하겠지.'
'이렇게 살 수는 없어. 영원히 고통받으며 살게 될 거야.'

미래에 내가 행복하기 위한, 또는 불행하지 않기 위한

의사결정. 이를 위해 우리는 미래에 어떻게 될지를 가늠하려 하지만 안타까운 건 이러한 감정 예측이 대개는 부정확하다는 데 있습니다. 즉 나조차도 미래에 내가 어떻게 느끼게 될지는 알 수 없는 거죠.

감정 예측(affective forecasting)은 오랫동안 사회 심리학자들의 관심 주제였습니다. 행복하기 위해, 불행해지지 않기 위해 했던 내 결정이 나중에 잘못된 선택이었다는 것이 밝혀지면, 그것보다 더 치명적인 일이 어디 있을까요?

A는 B와의 연애가 행복했지만, B의 어머니가 너무나도 깐깐하다는 사실이 내내 맘에 걸렸다. A는 종종 B와 결혼해서 사는 삶을 상상해보곤 했다. 하지만 그럴 때마다 B의 어머니가 등장해 둘의 결혼 생활을 엉망으로 만들곤 했다. 그러한 상상만으로도 A의 마음은 늘 고통과 염려로 가득 찼다.
'B와의 결혼은 불행할지도 몰라. 다시 생각해봐야겠어.'
A는 B에게 끝내 이별을 통보했다.

위와 같은 의사결정은 예민한 사람들에게 무던히도 많이 일어나는 일입니다. 미래의 일은 누구도 알 수 없죠. 따라서 과거와 현재를 기반으로 한 여러 정보와 미래에 대한 감정 예측 등을 종합해 의사결정을 내리게 됩니다.

그런데 예민한 사람들이야말로 자신의 감정에 무척이나 휘둘리는 존재라서 이 감정 예측이란 부분이 때로는 필요 이상으로 의사결정에 중추적인 역할을 담당하기도 합니다. 앞서 말했듯 예측은 예측에 불과할 뿐, 이러한 결정은 현명한 선택이 아닐 확률이 매우 높음에도 말이죠.

영향력 편향(impact bias)이란, 미래에 대한 자신의 감정을 예측할 때 그 감정의 강도(intensity)와 지속기간(durability)을 강하고 길게 예측하는 경향성을 의미합니다. 예를 들면 "복권에 당첨되면 어떨 것 같아?"라는 질문을 받으면 대부분 너무너무 행복할 것 같다고 대답하곤 하죠. 하지만 실제 복권에 당첨된 사람들을 추적조사해보면 행복의 강도와 기한은 그리 강하거나 길지 않더라는 겁니다. 또는 대학교 신입생들에게 선호 기숙사와 비선호 기숙사를 고르게 한 뒤 비선호 기숙사에 배정되면 어떨 것 같은지 물어보면 대부분이 불행할 것 같다고 대답했습니다. 그런데 실제로 비선호 기숙사에 배정됐던 신입생들을 추적조사해봤더니 선호 기숙사에 배정됐던 학생들과 그 행복지수가 별반 차이가 없었죠.

인간은 행복감과 만족감에 금방 면역된다는 것은 널리 알려진 사실입니다. 그런데 불행감과 불만족감에도 예상 외로 빨리 적응한다는 사실을 알고 계신가요?

대니얼 길버트(Daniel gilbert) 등의 심리학자들은 그들의 1998년도 논문에서 심리적 면역 무시(immune neglect)라는 개념을 도입하고 사람들이 평소에 부정적 사건에 대한 자신의 적응력을 얼마나 과소평가하고 있는지를 설명한 바 있습니다. 결국 우리는 적절한 대처 방식을 찾아냄으로써 우리에게 일어난 부정적 사건들을 훌륭히 이겨낸다는 것이죠.

하지만 이러한 심리 면역 체계(psychological immune system)는 의식적으로 일어나는 과정이 아니라서 사람들은 대부분 자기가 미래의 부정적 사건들에 훌륭히 대처할 수 있으리라 예상하지 못합니다. 그래서 더 걱정하고, 계속해서 불안에 떨게 되는 것이죠. 막상 닥치면 어떻게 해서든 알아서 살길을 찾아 나가게 되는 데도 말이죠. 우리는 우리 생각보다 훨씬 더 강인한 존재입니다. 그러니 앞으로는 스스로를 조금 더 믿어 보는 게 어떨까요?

반면 초점주의(focalism)란, 어떤 특정 요소에 과도하게 집중한 나머지 영향력 있는 다른 요소들을 간과하는 편향을 말합니다. 삶은 불행한 일들과 행복한 일들 그리고 불행하지도 행복하지도 않은 일상적인 시간이 교차로 흘러가기 때문에 누군가와의 갈등이든, 질병이든, 어떤 하나의 요소가 인생 전체를 대변할 수는 없습니다.

　지금 나를 사로잡은 이 감정이 비록 영원히 지속될 것처럼 거대해 보여도 절대로 그게 전부일 순 없습니다. 지금 이 순간 압도되어 그 감정이 더 거대하게 느껴지는 것일 뿐 다른 사람이라면 과도하게 반응하지 않고 넘어갈 법한 일일 수도 있는 것입니다. 즉 나의 과도한 감각 때문에 감정 또한 필요 이상으로 부풀려져 있다는 것을 자각하는 것이 중요합니다.

　특히 예민할수록 강렬한 감정에 사로잡히면 이 감정의 원흉이 그 무엇보다도 가장 중요한 요소처럼 보일 수 있습니다. 의사결정에 대한 모든 초점이 내가 느끼는 감정에 맞춰지는 것이죠. 하지만 그럴 때마다 내가 지금 과열된 상태에 있다는 걸 인지해야 합니다. 첫째, 지금 느끼는 이 감정이 마치 영원히 계속될 것만 같은 환상(영향력 편향). 둘째, 지금 이 감정의 원흉이 앞으로 나의 일생을 좌

지우지할 것만 같은 환상(초점주의). 지금 나는 이렇게 두 가지 우를 범할 수 있는 매우 불안정한 상태라는 것을요.

예민한 사람들은 감정 관리에 있어서 그 누구보다도 전문가가 돼야만 합니다. 이제부터라도 부풀려진 감정에 수동적으로 끌려다니는 삶을 살지 않겠다고 다짐해보는 건 어떨까요? 감정은 감정일 뿐, 마음만 먹으면 얼마든지 나의 감정과 거리를 둘 수 있도록 말이죠.

참는 데도
에너지가 필요하다

A씨는 매우 깔끔한 사람이다. 하지만 그의 가족들은 그렇지 않았다. A씨는 가족들의 그런 점이 늘 불만이었지만, '깨끗한 걸 좋아하는 건 나니까 내가 치우면 되지'라는 생각에 정리 정돈과 청소를 늘 도맡아 했다.

그러던 어느 날, A씨는 회사에서 종일 스트레스를 받고 녹초가 된 채 집에 돌아왔다. 그런 A씨를 반기는 것은 엉망으로 흩어져 있는 신발들과 현관 앞에 널브러져 있는 빈 택배 상자들이었다. 순간 참을 수 없이 분노가 치민 A씨는 가족들에게 화를 내고 말았다.

"어지르는 사람 따로 있고, 치우는 사람 따로 있어? 내가 언제까지 뒤치다꺼리하면서 살아야 돼!"

가족들은 너무나 당혹스러웠고, 그날 저녁 집안 분위기는 매우 암울했다. 그리고 A씨의 마음속은 자괴감과 우울감으로 가득했다.

수많은 자극 속에서 일상을 사는 HSP들에게 에너지 관리는 가장 중요한 미션이라고 볼 수 있습니다. 예민한 사람들은 힘들고 피곤할 때 "신경질 난다"라는 표현을 주로 씁니다. 이는 신경을 너무 많이 쓴 나머지 온몸의 에너지가 고갈되어 참을성이 없어진 상태를 의미합니다. 평상시라면 아무리 마음에 안 들더라도 충분히 잘 대처할 수 있었을 텐데, 에너지가 고갈된 상태에서는 그걸 참아 줄 기력이 없는 거죠. 그래서 누군가 조금만 마음에 안 들어도 신경이 팍 곤두서고, 평소에는 볼 수 없었던 예민한 말투와 행동이 튀어나오게 됩니다.

앞선 사례에서 만약 A씨가 회사에서 별일 없이 잘 퇴근했다면 집에 들어왔을 때 현관이 너저분하더라도 감정을 잘 다스릴 수 있었을 겁니다. 하지만 이미 밖에서 에너지를 거의 다 쓰고 왔기 때문에 신경이 곤두서는 것을, 감정이 폭주하는 것을 막을 수 없었죠.

이처럼 에너지가 부족할 때 발생하는 가장 큰 문제점은 바로 감정 조절의 실패입니다. 그래서 번아웃에 빠지면 에너지 고갈로 인해 감정이 걷잡을 수 없이 무너지는 현상이 벌어지는 거죠. 특히 인간관계에서는 감정 조절의 완급이 필요한 상황이 많은데 감정 조절에 실패해 주변 사람과 갈등을 빚게 되면 그러한 관계 갈등은 마치 밑 빠진 독에 물 붓기처럼 우리의 에너지를 계속해서 갉아먹게 됩니다. 가족들에게 소리를 지르고 나서 한동안 A씨의 마음이 자괴감과 우울감으로 가득 찼던 것처럼 말이죠.

에너지 관리에서 우리가 항상 염두에 두어야 할 점은 참는 데도 에너지가 필요하다는 것입니다. 참는다는 것은 단순히 내가 좋아하는 걸 못 하는 것에 그치지 않고, 나의 에너지를 소모시킨다는 역기능 또한 불러일으킵니다.

사회 심리학자 로이 바우마이스터(Roy Baumeister)는 한 실험에서 공복 상태의 실험 참여자들을 두 그룹으로 나눈 뒤 한 그룹에는 순무를 먹게 하고, 다른 그룹에는 맛있는 쿠키와 순무를 함께 준 후 오직 순무만 먹을 수 있도록 했습니다. 그러고 나서 두 그룹에게 동일한 과제를 주었더니 쿠키를 못 먹고 참아야 했던 그룹이 더 빨리 과제를 포기하는 결과가 나왔습니다. 먹고 싶은 걸 참는 과정에서 이미 일정량의 에너지가 소진돼 버린 거죠. 즉 먹고 싶은 것들, 보고 싶은 것들, 하고 싶은 것들을 참는 것, 그 자체로 에너지가 소모되는 것입니다.

"기분 관리도 능력이다"라는 말을 많이 하죠. 정확히 말하면 기분 관리는 에너지 관리 능력으로부터 기인하는 것입니다. 에너지가 떨어지는 사람들은 무언가를 참아내는 것이 힘듭니다. 참는 데 써야 할 에너지가 부족하기 때문이죠. 이런 식으로 기분 관리에 실패하게 되면 내가 낸 짜증이나 화, 공격적인 언행이나 행동 등으로 인해 인간관계에 문제가 생기고, 이러한 갈등이 점점 쌓이면 기분 나쁠 일들이 계속해서 생겨나는 악순환에 빠지게 되겠죠.

짜증을 내고 화를 내면 일시적인 카타르시스로 기분이 좋아질 수 있습니다. 하지만 나의 이러한 행동으로 인해 누군가는 반드시 상처를 입게 되고, 관계에 균열이 생기면 갈등과 다툼으로 계속해서 기분 나쁜 일들이 벌어지게 되겠죠. 관계의 균열은 곧 깨진 항아리와도 같아서 마치 밑 빠진 독에 물 붓기처럼 나의 에너지는 계속해서 새어 나가게 될 겁니다.

반면 에너지가 충분한 상태에서는 마음에 안 드는 일이 있어도 일정량의 에너지만 소모하면서 내 감정을 통제할 수 있습니다. 그러니 기분 관리만 잘할 수 있다면 일터든, 가정이든 좋은 분위기를 계속해서 이어 나갈 수 있습니다.

수시로 에너지통을 채울 것

이처럼 내 에너지통을 단단하게 지키려면 적절한 감정 조절을 통해 인간관계를 건강히 가꿔나가야 합니다. 그게 아니라면 차라리 관계 자체를 최대한 줄이는 편이 좋습니다. 관계가 없으면 균열이 날 일도 없으니까요.

나의 에너지통을 지키는 일은 끊임없는 기분 관리를 통해 주변 사람들과의 관계를 우호적으로 가꿔나감으로써 이루어집니다. 그런데 내 멘탈 항아리가 아무리 튼튼하다고 한들 그 속이 비어 있다면 아무런 소용이 없겠죠.

정신 건강을 위한 두 번째 과제가 바로 상시적인 에너지 충전입니다. 심리학에서 에너지 충전의 공식은 단 하나입니다. 바로 좋은 시간, 행복한 시간을 보내는 것입니다. 이를 위해서는 내가 뭘 할 때 행복하고, 뭘 가장 좋아하고 사랑하는지 확실히 알고 있어야 합니다. 시간은 약이라는 말처럼, 마냥 쉬면서 시간을 보내는 것은 일종의 저속 충전이라고 볼 수 있습니다. 반면 내가 정말 좋아하는 걸 하면서 시간을 보낼 수 있다면 이건 급속 충전에 가깝습니다. 시간이 약이라면, 행복한 시간은 그야말로 명약이니까요.

힘들고 지칠 때, 신경이 곤두설 때, 멘탈 항아리가 비어가고 있을 때 행복 리스트에 있는 것들을 실천한다면 예민한 사람들의 에너지는 급속도로 충전될 수 있습니다. 그러니 행복 리스트를 작성해보고, 아무리 힘들고 바쁘더라도 잠깐씩 짬을 내서 행복한 시간을 즐겨 보세요. 에너지를 충전하고, 에너지를 쓰고, 또 에너지를 채워 나가야 감정 조절 실패로 인한 악순환을 막을 수 있습니다.

감정에 맞서지 않고
우아하게 흘려보내는 법

감정 조절에 대한 일반적인 오해 중 하나는 내 마음대로 감정을 쥐락펴락할 수 있어야 한다는 것입니다. 즉 긍정적인 감정은 키우고, 부정적인 감정은 줄일 수 있어야 한다고 생각하는 거죠.

하지만 감정은 힘세고 제멋대로인 나그네와도 같습니다. 이상한 사람은 상대할수록 손해라는 말이 있듯이 분노, 짜증, 불안, 우울 같은 폭주하는 나그네를 통제한답시고 직접 나서서 대응하면 할수록 어떻게든 꼬투리를 잡고 싶어 하는 나그네에게 끌려다니면서 더 심한 꼴만 당하게 될 뿐입니다. 어차피 나그네는 잠시 머물다가 떠나는 사람입니다. 감정 역시 우리가 붙잡아두지 않으면 곧 사라질 존재라고 심리학자들은 얘기합니다. 그래서 감정과는 직접 부딪히지 말고, 최대한 거리를 두고 관심 없는 척하면서 감정이라는 나그네가 스스로 떠나가게 만들어야 합니다. 이른바 '집 비워주기 전략'입니다.

집 비워주기 전략 ————————————————

폭주하는 나그네가 제풀에 꺾여 떠나가게 만들기 위해서는 나그네와 얽힐 일이 없도록 집주인이 잠시 집을 비워주면 됩니다. 다시 한번 강조하자면, 감정이란 나그네는 어떻게든 집주인의 꼬투리를 잡으려고 벼르고 있는 존재입니다. 그래서 우리가 어떤 부정적인 감정에 빠지게 되면, 더욱더 그 감정에 과몰입하게 되는 것이죠. 그것이 분노든, 짜증이든, 불안이든, 우울이든 그 감정에 사로잡히면 결국에는 손님이 원래의 주인을 내쫓고 자기가 주인 행세를 합니다. 이것이 바로 감정에 과몰입된 주객전도의 삶인 거죠.

하지만 반갑지 않은 이 손님을 우리가 전혀 신경 쓰지 않는다면 어떤 일이 벌어지게 될까요? 손님을 무시하고 이 일 저 일 하며 바쁘게 오고 간다면? 초대받지 않은 손님은 집주인이 응대해주지 않으니 머뭇머뭇하다가 그냥

가 버릴 겁니다. 자연스럽게 화가 풀리는 거죠.

감정에는 두 가지 속성, 일시적이고, 전염이 잘 된다는 특징이 있습니다. 이는 심리학에서 엄연히 증명된 사실입니다. 그럼에도 감정이 진드기처럼 끈질기게 느껴지는 이유는 우리가 감정에 과몰입해서 그 감정을 계속 붙잡고 있기 때문입니다.

나한테 왜 그랬을까?

내가 그렇게 만만한가?

내가 당한 것을 어떻게 돌려줘야 하나?

비유하자면 집에 반갑지 않은 손님이 불쑥 찾아왔는데 이 손님과 계속해서 실랑이를 벌이는 것과 같습니다. 이 손님은 무시하면 그냥 가 버릴 사람이지만(일시성), 상대해주면 재밌다고 계속해서 들러붙는 스타일입니다(전염성). 원래는 그냥 가 버릴 손님인데 계속 상대해주다 보니 결국에는 손님이 주인을 쫓아내는 구도가 되는 것이죠(주객전도).

집 비워주기 전략을 현실에서 더 잘 실행하는 방법은 특정 대상과 심리적 거리를 멀리 떨어뜨리는 것입니다.

심리적 거리는 통상적으로 물리적 거리, 즉, 공간적·시간적 거리와 연동돼 있습니다. 따라서 특정 대상과 심리적 거리 두기를 원한다면 말 그대로 멀리 떠나있거나, 오랫동안 만나지 않으면 됩니다.

예를 들어 연애와 결혼의 결정적 차이 중 하나는 함께 살면 많은 것을 공유해야 하기 때문에 심리적 거리감이 극단적으로 좁아진다는 점입니다. 이렇게 심리적 거리감이 극단적으로 좁아진 상황에서 불화가 생긴다는 건 비유하자면 난폭한 나그네와 한집에서 부대껴야만 하는 상황과도 같습니다. 연애할 때야 서로 감정이 상하면 한동안 연락을 안 하고 지낼 수도 있죠. 그럼 자연스레 공간적 거리감, 시간적 거리감이 생기면서 서로에게 불편했던 감정도 자연스레 옅어지게 됩니다. 이러한 측면에서 관계에서 갈등이 있을 때는 서로 거리를 두고 한동안 혼자만의 시간을 갖는 것이 큰 도움이 됩니다. 관계 갈등이라는 나그네가 떠나갈 때까지 잠시 집을 비워주는 전략인 거죠.

수많은 심리학 문헌에 따르면 독립적인 부부일수록 건강한 관계를 유지할 가능성이 높다고 알려져 있습니다. 또한 자녀가 부모로부터 독립하게 되면 서로에 대한 애정이 한층 강해지기도 합니다. 성격적으로도 다른 사람들과 심리적 거리감을 가깝게 느끼길 좋아하는 성격일수록, 즉 외향적이거나 우호적일수록 관계 갈등에서 오는 피로감을 훨씬 더 강하게 지각하기 마련입니다.

정리하자면, 인간관계에서 감정 소모를 심하게 느꼈다면 그 즉시 일정 부분 심리적 거리감을 떨어뜨려 놔야만 합니다. 혼자 여행을 떠나거나 한동안 만나지 않거나 하는 식으로 말이죠. 그렇게 감정이라는 나그네가 떠나고 난 후 천천히 관계 전선에 복귀하면 됩니다.

3인칭 관점에서 혼잣말하기

그런데 타인이야 물리적 거리감을 떨어뜨리는 게 가능하다지만, 떼려야 뗄 수 없는 나 자신의 감정 문제에 대해서는 어떻게 해야 할까요? 심리학에서는 자신을 1인칭이 아닌 3인칭으로 바라봄으로써 나에 대한 심리적 거리를 떨어뜨릴 수 있다고 말합니다. 쉽게 말해 나를 '나'라고 생각하지 않고, '무명자'라는 객체로 대우하는 것이죠. 이때 효과적인 방법이 '혼잣말하기'입니다.

무명자야, 힘들지? 괜찮아. 그럴 수 있어. 하지만 이것 또한 지나갈 거야.

처음에는 어색하고 이상해 보이겠지만 이 방법이 실제로는 굉장한 효과가 있습니다. 내 일이지만 마치 타인의 일처럼 바라봄으로써 각종 문제 상황에서 심리적 거리감을 떨어뜨리는 효과가 있습니다. 명상 역시 그 기본 원리는 심리적 거리 두기로 내 감정으로부터 빠져나와 현실을 있는 그대로 직시하게끔 돕는 것입니다. 마치 남 일 보듯 말이죠. 이렇게 3인칭으로 자신을 관조하는 방식에 익숙해지면, 내 일임에도 불구하고 타인의 일인 것처럼 초연해질 수 있습니다. 마치 득도한 수도승들처럼, 온갖 부정적인 감정들에 좀처럼 구애받지 않게 되는 것이죠.

이처럼 심리적 거리 두기의 생활화는 스트레스에 대한 필승 공식이라고 볼 수 있습니다. 내 게임에선 보이지 않던 것들이 남의 게임 훈수를 둘 때는 잘 보이는 것처럼 '나'라는 주체에서 멀찍이 떨어져서 스스로를 객관적으로 관조하면 감정 과몰입을 예방하고 보다 현실적이고 이성적인 사고가 가능해지니 말이죠.

여러분, 초대하지 않은 손님에게 여러분의 집을 내주지

마세요. 손님이 찾아오는 것까진 막을 수 없겠지만 초대받지 않은 손님을 나가게 만드는 것이야말로 타인의 감정에 휘둘리지 않기 위해, 쓸데없는 감정 소모를 하지 않기 위해 우리가 해야 할 일입니다.

혹독한 자기평가에서
벗어나기

진화생물학 관점에서 보면 스트레스 기제는 포식자와 직면했을 때의 생체 반응에 가깝습니다. 온몸의 피를 근육으로 보내 에너지를 잔뜩 쥐어짜 냄으로써 포식자와 맞서 싸우거나 도망치는 데 필요한 급성 파워를 일으키는 시스템인 것이죠. 물론 지금은 원시 시대가 아니므로 생존을 위해 격발되는 원래의 스트레스 기능성이 퇴색돼 버린 것일 뿐 오히려 지금은 과거에는 존재하지 않았던 매우 일상적인 스트레스들이 만연해 있고, 이러한 크고 작은 스트레스들이 현대인들의 심신을 갉아먹고 있는 상황입니다.

돈 문제, 성과에 대한 압박, 타인의 시선, 타인과의 비교, 자존감 하락, 관계 갈등 등 비록 시대는 달라졌지만, 뇌 입장에서는 수많은 스트레스에 시달리고 있는 현대인들의 삶 역시 마치 매일매일 생존을 위해 싸우던 구석기

인들의 삶처럼 긴장감을 늦추기가 어렵습니다.

아침에 일어나서 잠들기까지, 쉬지 않고 피를 뿜어 대고 근육을 긴장시켜 에너지를 폭발시킬 준비를 해야 하기 때문에 만성적인 스트레스에 노출돼 있는 사람일수록 심장 두근거림, 소화불량, 역류성 식도염 등 심혈관계나 소화기 계통에 문제가 생길 가능성이 매우 높습니다. 신경생리학적으로 보자면 스트레스를 받는 상황은 우리의 근육이 잔뜩 긴장된 상태를 의미합니다. 앞서 이야기했듯 스트레스를 받으면 뇌로 가는 혈류량이 줄어들면서 근육 쪽으로 몰려 마치 싸우거나 도망가기 직전의 잔뜩 흥분된 상태가 되기 때문이죠.

스트레스 = 근육 긴장

이 도식에서 우리는 스트레스 문제에 대한 힌트를 얻을 수 있습니다. 스트레스를 해소하려면 근육을 이완시키면 되는 겁니다. 인간의 뇌는 심오한 것 같지만 단순한 부분도 있어서 근육이 긴장돼 있으면 위기 상황으로 해석하고, 근육이 이완돼 있으면 평화로운 상황으로 해석하는 경향이 있습니다. 이걸 응용한 방법이 바로 '바이오 피드

백'입니다. 지속적으로 근육을 이완시켜 줌으로써 우리 뇌가 '아무런 문제 없이 평화롭구나!'라고 인지하게끔 유도하는 것이죠. 뇌의 입장에서는 근육의 상태가 현재 처한 환경에 대한 하나의 피드백이 되므로 우리가 근육을 자유자재로 이완시킬 수 있다면 얼마든지 스트레스 반응을 통제할 가능성이 열리는 것입니다.

예민한 사람들이 평소에 스트레스를 잘 받는 이유는 뇌가 별일도 아닌데 사사건건 위기 상황으로 받아들이고 근육을 긴장시키기 때문입니다. 즉 위기 감지에 대한 역치가 낮은 것이죠. 스트레스 감각도 결국에는 뇌에서 주관하는 전기적 신호로 이루어지므로 우리가 자력으로 근육을 이완시킬 수 있다면 뇌에서 전기 신호를 스트레스가 아닌 '안정'이라고 명령할 수 있게 됩니다.

방법은 많습니다. 유산소 운동, 명상, 요가, 스트레칭, 심호흡, 반신욕, 바른 자세 등. 주기적으로 릴렉스하고, 근육을 이완시키는 루틴을 만들면 스트레스 지수가 낮아지면서 예민한 사람들의 삶의 질이 눈에 띄게 좋아질 수 있습니다. 그러니 꼭 자신에게 맞는 나만의 근육이완법을 찾으시길 바랍니다.

한편 예민한 사람들의 핵심 특징 중 하나가 세상을 3인칭 시점으로 바라본다는 겁니다. 이건 바로 앞에서 살펴보았던 혼잣말의 경우와는 다릅니다. 혼잣말은 나를 제삼자처럼 객체화시킴으로써 마치 타인을 대하듯 내 감정과 거리를 두는 방식이었죠. 반면 여기서 말하는 3인칭 시점은 마치 내가 무대 위 등장인물인 것처럼 사람들이 내 일거수일투족을 관찰하고 있는 것처럼 느끼는 것을 의미합니다.

다른 사람들은 나를 어떻게 보고 있을까?
나는 다른 사람들에 비해 과연 잘하고 있는 걸까?

예민한 사람들은 항상 남들에게 보여지고, 평가되고, 관찰당하는 느낌으로 사는 겁니다. 여기에도 다 이유가 있습니다. 3인칭 시점으로 세상을 인식하면 나를 둘러싼 세력 지도에서 내가 얼마만큼의 위치에 있는가를 객관적으로 가늠해볼 수 있습니다. 나와 다른 사람 간의 힘의 차이를 객관적으로 인지하면서 위협이 될 만한 사람들을 피해 가며 몸을 사릴 수 있게 되는 것이죠.

이러한 3인칭 시점은 원시 시대에서는 명줄을 길게 만

드는 데 도움이 되었습니다. 하지만 시대가 달라지면서 예민한 현대인들에게는 굉장히 골치 아픈 시스템이 되었습니다. 뭐든 남의 눈을 의식하고, 나보다 잘난 사람들과 나를 끊임없이 비교하게 되는 것이죠.

지금 시대는 정서적 안정이 무엇보다도 중요한데 3인칭 시점은 주변의 능력자들과 내 차이를 적나라하게 드러냄으로써 스스로를 너무 보잘것없는 사람처럼 만들어 버립니다. 한없이 나를 위축시키고 몸을 사리게 만들죠. 과도한 자기객관화와 혹독한 자기평가가 예민한 사람들에게는 일상인 셈입니다.

'사회적 눈치'에 대한 연구에 따르면, 이러한 태도는 우울, 외로움, 신경증, 낮은 자존감, 삶에 대한 낮은 만족도 등과 통계적으로 유의한 상관관계가 있습니다. 내 주변을 둘러싼 수많은 시선에 노출된 삶을 살다 보면 그 시선을 느낄수록 점점 우울해지고, 관계를 단절하거나 회피하면서 외로워지고, 자존감이나 삶에 대한 만족도가 낮아질 수 있다는 것입니다.

3인칭 시점에서 벗어나는 가장 확실한 방법은 반대로 1인칭 주인공 시점을 갖는 겁니다. 내가 주인공이라는 심정으로 타인의 시선으로 바라보는 것이 아니라, 내 쪽에서 당당하게 그들을 굽어보는 것이죠. 잘 안되더라도 정신 건강을 위한 좋은 습관이라고 생각하면서 타인이란 존재를 최대한 무시할 수 있도록 노력해보세요. 사회성이 조금 떨어져 보이더라도 괜찮습니다. 경중을 비교하자면, 내가 보잘것없이 느껴지는 것보다는 차라리 사회성 없는 사람처럼 보이는 편이 훨씬 더 나을 테니까요. 이 정도의 생각으로 과감하게 무시하지 않으면 예민한 사람들은 3인칭 시점에서 절대로 벗어날 수가 없습니다.

우리는 한평생 스트레스 속에서 살아갈 수밖에 없는 존재입니다. 현대인들에게 스트레스를 없애는 방법을 고민하는 것은 답이 없는 문제에 가깝습니다. 차라리 스트레스도 삶의 일부라는 것을 인정하고, 그와 함께 현명하게 지내는 방법을 강구하는 편이 현실적이겠죠. 근육을 이완시키는 나만의 루틴과 함께 1인칭 주인공 시점으로 세상을 바라보는 것에 익숙해질 수 있다면 스트레스를 안고 사는 예민한 사람들의 삶의 질은 현저히 좋아질 수 있을 겁니다.

상처받고 눈치 보는
나의 자아 해방시키기

심리학자들이 사람의 마음을 다루는 전문가라고 해서 그들이 모두 다 정신적으로 건강하고 행복한 삶을 사는 건 아닙니다. 아는 것과 실천하는 것은 분명 다르니까요. 다방면의 연구를 통해 어떻게 해야 좀 더 행복하게 살 수 있는지 잘 알고 있다 하더라도 막상 본인이 그것을 실천하지 않는다면 아무 소용 없겠죠.

저 역시 실제로 꽤 오랫동안 그래왔고, 이를 자각하고 난 뒤로는 더 많이 알려고 노력하기보다 이미 알고 있는 것들을 내 삶에 어떻게 녹여낼 수 있는가를 주로 고민해왔습니다. 그리고 제 삶의 많은 부분에서 서서히 변화가 오기 시작했습니다. 그중 가장 획기적인 변화에 대해 이야기해 보려 합니다.

내가 나를 인정하면 된다 —————

사회적 동물인 인간에게 인정 욕구는 본능이라고 볼 수 있습니다. 원시 인류에게는 날카로운 발톱도, 이빨도 없었기에 집단으로 뭉치는 것만이 곧 힘이었고, 남들에게 인정을 받아야만 무리의 중심에 설 수 있었습니다. 따라서 인류에게 인정 욕구에 대한 갈망은 식욕이나 수면욕과 같이 강력한 본능적 기제로 진화된 것입니다. 하지만 지금같이 고도로 발달된 현대 사회에서는 뭉치는 것이 꼭 능사는 아닙니다.

또한 자본주의가 고도화될수록 인정 욕구 충족의 난이도는 점점 높아집니다. 돈과 명예를 위한 경쟁은 더 심해지고, 그만큼 아무리 돈을 벌고 성공해도 욕구가 충족되기는 쉽지 않습니다. 그런가 하면 SNS로 내가 갖지 못한 삶에 대한 열등감과 나보다 못한 사람들을 보면서 느끼는 우월감이 팽배해지고, 타인의 시선에 대해 과도하게 의식하게 되었죠. 체면과 자존심, 품위 유지를 위한 소비, 평가에 따라 시시각각 흔들리고 위협받는 자존감, 멋진 삶에 대한 획일적인 기준과 나다움을 인정하지 않는 몰이해적 사회 등 인정 욕구에 끌려다니는 삶이 불합리한 이유는 결국 내 가치를 결정짓는 것이 내가 아니라 남들이라는 점에 있습니다.

이러한 삶이 생산적이고 효율적이라면 아무리 불합리하더라도 추구할만한 가치가 있겠지만, 시대적 변화로 인해 인정 욕구에 대한 갈망과 삶의 질의 관계는 이미 불협화음이 된 지 오래입니다. 불합리하고, 비생산적이며, 비효율적이기까지 한 인정 욕구를 이제는 버릴 때가 되었습니다.

우리는 인정 욕구라는 본능으로 인해 의식적이든 무의식적이든 평생을 남들의 시선에 종속된 채로 살아야 했습니다. 바로 이 보이지 않는 굴레를 깨 버리는 것만으로도 우리는 삶에서 획기적인 변화를 맞이할 수 있습니다. 더 이상 남들을 신경 쓰지 않고 오롯이 나에게 집중하는 인생을 살 수 있게 되는 것이죠. 있는 그대로의 나를 인정하고 받아들이는 것. 이 또한 남에게 인정받고 싶다는 욕구에서 해방되는 것에서부터 시작됩니다.

나를 수용하지 못하는 이유는 내가 남들에게 인정받지 못할 정도의 사람이라는 것을 결코 인정하고 싶지 않아서입니다. 그 무엇보다도 중요한 나 자신조차 남들의 눈에 좋게 보여야만 그제야 나로서 인정할 수 있는 것이죠.

남의 시선 따위는 아무래도 좋아.

나에겐 바보 같은 모습도 있지만 이게 바로 나야.

내가 나를 어떻게 생각하는지가 제일 중요해.

나는 비록 실패를 반복하지만 조금씩 나아지고 있어.

나는 항상 내 옆에서 내가 성장하는 모습을 응원할 거야.

인정 욕구를 내려놓고 나면 더 이상 나라는 사람의 가치를 남들이 결정짓게 두지 않습니다. 가치 판단의 기준이 외적인 요소가 아니라 내적인 요소들로 채워지는 것입니다. 남들이 보는 기준과 상관없이 내가 무언가를 위해 열심히 노력했고, 스스로 만족한다면 그것으로 충분한 거죠. 나 자신과의 약속, 예를 들어 '일주일에 1권 이상 책 읽기'를 지켰으면 남들이 알아주지 않더라도 스스로 성장해 나가고 있다는 자각을 통해서 충분히 만족감을 느낄 수 있습니다. 하지만 인정 욕구에 사로잡혀 있다면, 'SNS에 책 리뷰를 어떻게 올려야 사람들이 좋아할까?'에 과도하게 신경 쓰고, 사람들의 반응에 일희일비하며 스트레스를 받을 수밖에 없겠죠.

타인으로부터의 인정 욕구에서 자유로워지기 위해서는 반대로 나 자신으로부터의 인정 욕구에 집중하면 됩니다. 남들이 아닌 나 자신에게 인정받겠다는 마인드로 하루하루 임하다 보면, 날이 갈수록 스스로에 대한 주관적인 생각이 타인의 시선보다 더 중요하다는 걸 깨달을 수 있을 겁니다. 당연히 인정 욕구에서 벗어나야 한다는 것을 깨닫는 것에서 그치지 않고, 그것을 실천해내는 것이 무엇보다 중요하겠죠?

방법은 무척 간단합니다. 일상에서 꾸준히 이러한 생각을 되뇌이면 됩니다. 우리의 뇌는 어떠한 새로운 개념을 이해하고, 그 개념을 계속 생각하고 실천하려 하면, 결국 그것을 주반응(지배반응)으로 인식하는 시스템을 갖추고 있습니다. 인류가 적응의 동물이라고 불리는 것도 바로 이 시스템 덕분이죠.

저는 아직 완벽하지는 않지만 인정 욕구를 내려놓기까지 거의 2년 정도의 시간이 걸렸습니다. 지금에 와서 느끼는 이 해방감이야말로 심리학과의 만남 이후 얻을 수 있었던 많은 것 중 가장 값진 수확이 아닐까 싶습니다.

정신 건강을 책임질
두 권의 노트

심리학에서는 '쓰는 행위'의 효과성을 높게 평가합니다. 감정 조절이나 생각의 깊이에 영향을 미치는 것이 바로 언어화 과정이기 때문이죠. 두리뭉실하고 산만하게 흩어져 있는 생각들을 구체적인 언어로 표현해보는 것은 이를테면 어수선한 책상 위를 깔끔하게 정리하는 것과 비슷한 효과를 지닙니다.

이러한 언어화는 휘발성이 강하고, 대화 상대도 필요한 말보다는 혼자서도 가능하면서 기록이 남는 글이 그 효율이 더 높습니다. 글쓰기라고 하면 어디서부터 시작해야 할지 막막한 분들이 많을 겁니다. 어렵게 생각할 필요는 없습니다. 다음의 두 종류의 노트만 작성해도 삶의 질이 크게 나아질 수 있습니다.

쾌감 중추를 활성화시키는 '감사 노트' ———

심리학에서는 '감사'의 긍정적인 효과를 항상 강조합니다. 실제로 음식을 그냥 먹는 것과 "감사합니다. 잘 먹겠습니다!" 하고 먹는 것은 뇌 활동에서부터 차이가 납니다. 후자의 경우 쾌감 중추가 더 활성화됩니다. 감사 노트는 이미 많은 사람이 실천하고 있어 그 효과를 경험한 사람도 많이 있습니다. 중요한 건 감사 노트도 두 개의 챕터로 나누어서 ① 내가 감사하고 있는 것과 ② 내가 감사를 받은 것으로 구분해서 적을 때 효과가 더 좋다는 점입니다. 뇌과학에서는 ②의 경우 효과가 더 좋다는 연구 결과가 있습니다.

그리고 당연히 구체적으로 적을수록 좋습니다. 카톡이나 메일 내용, 사진이나 영상 등을 기록으로 함께 남겨두는 것도 좋은 방법입니다. 인간은 망각의 동물이지만 잊고 있던 것을 다시 떠올리면 당시의 즐겁고 행복했던 감정도 어느 정도 재현해내는 것이 가능합니다. 감사 노트는 작성할 당시에도 뇌의 쾌감 중추가 활성화되지만, 노트를 다시 읽어볼 때도 쾌감 중추가 자극된다는 것이 매우 큰 장점입니다.

'나의 못된 짓 일지' 쓰기 ─────────

감사 노트는 많이 들어봤겠지만, 죄책감 노트는 생소한 분들이 많을 겁니다. 구분하자면 전자는 행복한 감정을 유지하는 데 좋은 도구이고, 후자는 불행한 감정을 해소하는 데 좋은 도구입니다. 심리학에서는 웰빙을 행복과 불행의 총화(행복-불행)로 계량하기 때문에 행복감을 늘리는 것만큼 중요한 게 바로 불행감을 줄이는 일입니다. 그런데 이 불행감을 줄이는 일에서 죄책감만큼이나 흥미로운 역할을 담당하는 감정은 없습니다.

죄책감은 나쁜 행동을 하지 못하게 만드는 브레이크 역할도 하지만, 더 재미있는 사실은 나쁜 행동을 한 후 그 대상에게 일종의 보상 행위를 유도한다는 점입니다. 예를 들어 신경이 잔뜩 곤두선 상황에서 상대에게 못된 말을 내뱉고 나면 후에 죄책감이 밀려들면서 마음이 굉장히 불편한 상태가 됩니다. 그러면 이 내면의 불편을 해소하기 위해 우리는 어떤 행동을 하게 될까요? 미안한 마음에 다정하게 대한다거나 밥을 사는 식으로 상대에게 더 잘해주게 되죠. 심리적 균형을 맞추기 위한 일종의 보상 행동인 겁니다.

재밌는 건 이러한 보상 행동의 기저에는 상대방을 위해 뭔가를 해줘야겠다는, 베풀고자 하는 마음이 깔려 있습니다. 이 베풀고자 하는 마음은 뭔가를 주는 행위도 유발하지만, 뭔가를 탕감해주는 행위도 유발합니다. 즉 죄책감을 느끼면 상대방을 용서하는 일도 훨씬 더 쉬워진다는 것입니다.

친구의 잘못으로 화가 잔뜩 났을 때 참지 못하고 친구에게 화를 냈다면, 그 죄책감 때문에 친구의 잘못으로 인한 화가 한층 누그러집니다. 상쇄되는 거죠. 이게 가능한 이유는 친구에 대한 죄책감이 친구를 향한 보상 심리를 불러일으키며 그 결과 나의 마음속에 있는 미움의 감정을 해소시켜주기 때문입니다.

죄책감 메커니즘을 활용하는 가장 간단한 방법은 '나의 못된 짓 일지'를 써 보는 겁니다. 제 경우에는 '배우자 편', '아이들 편', '부모님 편', '친구 편' 등 주변 사람들을 챕터별로 구분해 정리해두었습니다. 이 일지에 내가 했던 못된 짓을 적어 내려가면 그 대상에 대해 아련한 마음이 느껴지면서 보상 심리로 그들에게 잘해줘야겠다는 생각이 들게 됩니다.

그런데 이보다 더 놀라운 사실은 상대방에게 잔뜩 화가

낳을 때 죄책감 노트를 꺼내 들고 그 사람의 챕터를 쭉 읽어내려가는 것만으로도 거짓말처럼 화가 누그러뜨려진다는 것입니다. 왜 그럴까요? 그때의 그 미안했던 감정과 죄책감이 머릿속에서 재생되면서 상대방에 대한 죄책감(+)과 분노(-)가 상쇄돼 버리기 때문이죠. 즉 죄책감이 불러일으키는 보상 심리가 상대방에 대한 미움의 감정을 대신 해소시켜 주는 시스템인 겁니다.

이러한 메커니즘은 감정에 과몰입하기 쉬운 예민한 사람들에게 특히 더 유용한 도구가 될 수 있습니다. '아, 내가 그때 도대체 왜 그랬을까?', '좀만 참을걸. 괜히 짜증냈네', '화내서 미안하다고 먼저 말해야겠다' 등의 생각들로 남들보다 죄책감을 강하게 느끼는 HSP들은 보상 행위를 통해 심리적 균형을 맞추고자 하는 동기 또한 남들보다 강할 수밖에 없습니다. 그래서 예민한 사람일수록 누군가에 대한 미움으로 고통받고 있을 때 이러한 죄책감 메커니즘을 이용해 그들에 대한 미움을 효과적으로 해소할 수 있습니다.

사실 이 모든 걸 한 권으로 끝낼 수 있는 게 바로 일기입니다. 어렸을 때부터 일기 쓰기를 생활화한 사람들의 내면은 정말 놀랍도록 건강한 경향이 있습니다. 오늘 나에게 있었던 일들을 반추하면서 긍정적 감정은 한층 더 진해지고, 부정적 감정은 한층 더 옅어지기 때문이죠.

일기를 쓰고는 싶은데 막상 뭘 써야 할지 막연하게 느껴진다면, '감사'와 '죄책감' 딱 두 가지 키워드로만 내용을 단순화해서 적어보세요. 감사했던(받았던) 일과 잘못했던 일. 우리는 글쓰기를 통해 얼마든지 우리의 멘탈과 감정을 과거와는 비할 수 없을 만큼 건강하게 가꿔나갈 수 있습니다.

여유가
매너를 만든다

예민한 사람들에게는 특정 상황에서 과도하게 스트레스를 받는 고유의 패턴이 있습니다. 과거에 굉장히 스트레스를 받았던 일들이 마음에 낙인처럼 남아 있어서 현재 그와 비슷한 상황이 조금이라도 발생할 것 같으면 갑자기 스트레스 100퍼센트 상태가 돼 버리는 것, 일종의 트라우마 같은 상황이 저마다 존재합니다.

원만한 인생을 살았다면 아마도 극심한 스트레스를 받을 일이 별로 없었을 것입니다. 이 말은 트리거가 될 만한 상황이 별로 없다는 얘기죠. 살면서 감정 조절이 안 될 만큼 짜증을 내거나 화를 낼 일이 별로 없다는 겁니다. 하지만 현실은 냉혹합니다. 어른이 되고, 나이를 먹을수록 예측하지 못한 사건은 계속 생기고, 힘든 일, 절망적인 일들도 많이 겪게 되죠. 그렇게 하나둘 내 안에 감정의 트리거가 늘어만 갑니다. 예전 같았으면 그냥 넘어갔을 일들도 이제는 쉽게 넘어가지지 않습니다. 스스로 팍팍해져가고 있다는 것도 느낍니다. 트리거가 당겨질수록, 트리거가 되는 상황이 늘어날수록, 내 몸과 마음은 당겨질 대로 당겨져서 다시는 원래대로 되돌아가지 않는 축 늘어난 스프링처럼 되어 버립니다.

몸과 마음은 과거의 위기를 기억합니다. 그래서 비슷한 위기 상황에 빠질 것 같으면 본능적으로 풀악셀을 밟아 최고의 전투 상태로 심신을 각성시키게 됩니다. 최고의 전투 상태란 곧 스트레스 100퍼센트 상태를 의미합니다. 스트레스의 기전 자체가 위기 상황에서 도망치거나(fly), 맞서 싸우기 위해(fight) 온몸의 근육을 긴장시켜 온 기력을 쥐어짜 내는 시스템이니까요.

해결하려 하지 마세요. 당신은 정상이에요.

무책임하게 들릴지도 모르겠지만, 저는 센터에 오시는 분들께 이 말씀을 종종 드립니다. 사람이 나이 들수록 성숙해진다는 것은 판타지일 뿐 대다수는 냉혹한 인생 속에서 원치 않아도 하나둘씩 트리거가 당겨지며 갈수록 팍팍해지는 게 현실입니다.

> 인생이란 느끼는 자에게는 비극이요, 생각하는 자에게는
> 희극이다.
>
> — 라 브뤼에르(La Bruyère)

누구나 그렇게 삽니다. 누구에게나 치부가 있고, 불쾌한 경험이 있고, 약점이 있고, 지우고 싶은 과거가 있고, 그렇게 아등바등 살면서 서서히 지쳐가는 것이 지극히 자연스러운 세상의 이치입니다.

감정에 집중하면 인생은 너무나도 비극입니다. 하지만 '그럴 수 있어. 누구나 그래. 그게 정상이지'라고 마음(감정)을 비우고 여유를 가지고 생각하면, 아무리 거지 같은 일일지라도 시간이 흐른 뒤 돌이켜봤을 때 말도 안 되는 웃음 포인트를 찾아낼 수 있을 만큼 희극이기도 합니다. 그러니 이제부터라도 감정에서 살짝 떨어져서 인생의 희극 장면들을 찾으며 조금 더 웃으면서 살 수 있기를 바랍니다.

이제는
내가

나의 편이
되어야 할 때

5

인생은
RPG 게임이다

제가 최근에 들었던 말 중에 가장 인상적이었던 건 '실행복'이라는 단어였습니다. '실행 + 행복', 즉 실행해야 행복해진다는 의미이죠. 저는 이 세 음절의 단어 안에 심리학의 모든 것이 함축돼 있다고 생각했습니다. 요즘 같은 디지털 시대에 우리는 수많은 정보를 손쉽게 열람할 수 있지만, 사실 대부분 그 많은 정보가 우리를 변화나 성장의 단계까지 이끌지는 못합니다. 대다수는 우리의 머릿속에 잠시 머물다가 곧 사라져버리죠.

특히 자기계발이나 심리학 분야에서 이런 현상을 흔히 관찰할 수 있습니다. 자신이 느끼는 고민의 무게에 비해 해결 방법은 너무 단순해 보여서 실행에 옮기기 전에 의구심이 먼저 드는 겁니다. 듣기에는 굉장히 기본에 충실하고 당연해 보이는 말들이니 과연 이렇게 간단한 방법이

나의 이 복잡한 심사를 치유해줄 수 있을지 의심이 드는 건 어찌 보면 당연합니다. 하지만 인간의 마음은 비유하자면 스포츠와도 같아서 충실히 닦여진 기본기를 능가하는 기술은 없습니다. 즉 나의 정신 건강을 위해서는 너무나도 당연해 보여서 별생각 없이 무시하게 되는 기본적인 일들을 반복적으로 실행하는 것이야말로 가장 중요한 핵심입니다.

인생이란 '나를 양육하는 게임'과 같다고 볼 수 있습니다. 아이를 키울 때 더 빨리, 더 훌륭하게 자라게 하는 비법이 따로 있을까요? '비법'은 어려운 일을 쉽게 만들어주는 마법 같은 기술이죠. 하지만 인생의 묘미는 그 반대에 있습니다. 즉 굉장히 쉽고 간단해 보이는 일을 반복적으로 꾸준히 실행하는 것이야말로 인간에게 가장 어렵게 느껴지는 과제이며, 모든 성장의 핵심은 바로 여기에 있다는 것이죠.

인간은 어려운 과제를 하는 것보다 쉬운 과제를 꾸준히 반복해서 실행하는 일을 훨씬 더 어려워하는 경향이 있습니다. 참 흥미롭죠. 따라서 성장이나 성공을 위한 방법을 구할 때 상대적으로 어려운 과제, 즉 이 난제만 풀 수 있다면 바로 업그레이드될 수 있다는 환상을 갖게 하는 특별한 비법에 몰입하는 것입니다. 특별한 비법이란, 적어도 심리학에선 일종의 판타지에 불과하기 때문에 "이 프로그램으로 확실하고 빠른 효과를 보실 수 있습니다!" 같은 광고 문구를 감히 내걸 수 있는 심리학자는 아무도 없을 겁니다. 심리학은 스포츠와 같습니다. 기본이 가장 중요합니다.

심리학에 비법은 없습니다. 하지만 어려운 일을 견뎌나가는 데 도움을 줄 수 있는 방법론들은 많습니다. 마음의 평화와 내면의 성장을 도모하기 위해서는 심리학자들이 설명하는 지극히 당연해 보이는 방법들을 반복적으로 꾸준히 실행해야 합니다. 예를 들자면 운동, 산책, 건강한 식습관, 명상 등과 같은 것들입니다.

물론 앞서 이야기했다시피 이 쉽고 간단하며 지루한 방법들을 반복적으로 꾸준히 실행하는 일은 세상에서 가장 하기 힘든 과제에 해당합니다. 그렇다면 이 지루한 일들을 조금 더 쉽게 실행할 수 있도록 도와주는 방법은 없을까요?

이제부터 자신을 '나'라고 생각하지 말고, '나라는 캐릭터'가 등장하는 RPG 게임의 플레이어라고 생각해보세요.

즉 나를 1인칭이 아닌 3인칭으로 대하는 것이죠. 이 책에서 여러 번 살펴보았듯이 이러한 타자화는 통상적으로 나 자신과의 심리적 거리감을 떨어뜨려 놓는 작용을 하는데 이는 나를 마치 타인처럼 대하면서 스스로와 관계를 맺어 가는 것 같은 효과를 불러일으킵니다. 나를 세상에 동떨어져 있는 외로운 존재로 인식하는 게 아니라, 3인칭 전지적 작가의 시점을 통해 나라는 존재와 가상의 정서적 교류를 하는 것이죠.

힘들 때는 "힘들지? 지금은 그냥 쉬어. 시간은 많으니까 우선은 몸부터 챙기자"라고 위로해주고, 뭔가를 해냈을 때는 "잘했어. 난 언제나 널 믿고 있었다고. 네가 해낼 줄 알았어!"라고 칭찬해주고, 뭔가를 해야 할 때는 "원하는 걸 이루기 위해서는 나 말고는 해 줄 사람이 없어. 그러니 힘내자"라고 용기를 북돋아 주는 것이죠. 이렇듯 3인칭의 타자화를 통해 항상 내 편을 들어주는 최고의 친구를 곁에 둔 것 같은 효과를 주는 겁니다. 마라톤도 혼자 뛸 때보다는 옆에서 응원해주는 동료가 있을 때 훨씬 힘이 되는 것처럼, 인생이라는 긴 레이스에서 가상의 나를 최고의 동료로 삼아 언제까지나 함께하는 겁니다.

나와의 대화, 나에 대한 칭찬, 나에 대한 위로, 나에 대한 배려, 나를 향한 따뜻함. 내 삶의 웰빙을 결정짓는 의외의 요소는 바로 나 자신과의 관계입니다. 인생에서 다정하게 내 이름을 불러주며 항상 날 응원해주고 위로해주는 사람을 만나기란 정말이지 쉽지 않습니다. 하지만 다행인 것은 스스로에게 그러한 존재가 될 수 있도록 노력하는 과정을 통해 우리는 얼마든지 인생의 동반자를 자급자족할 수 있다는 점입니다.

자신에게 칭찬과 배려와 위로를 아끼지 마세요. 길고 긴 인생 전선에서 자신을 홀로 내버려 두지 말고, 항상 곁에서 보살펴주세요. 인생에서 진정한 내 편은 그 누구도 아닌 오로지 나 자신뿐입니다.

불행하지 않을
선택을 할 것

행복의 반대는 불행이라고 생각하기 쉽지만, 사실 행복의 반대는 '행복하지 않음'이고, 불행의 반대는 '불행하지 않음'입니다. 즉 행복과 불행은 심리학적으로 공존이 가능한 개념입니다. 그래서 심리학에서는 개인의 정신적 웰빙 수준을 평가할 때 주관적 안녕감(행복-불행)이라는 합산 개념을 사용하는 것이죠.

그런데 우리 사회는 통상적으로 행복에만 초점을 맞추는 경향이 있어 불행의 무게를 간과하는 경우가 많습니다. 가령 결혼을 결심할 때 '이 사람과 얼마나 행복할 수 있을까?'만큼이나 중요한 요소가 바로 '이 사람과 얼마나 불행하지 않을 수 있을까?' 하는 문제입니다. 후자처럼 생각하고 결혼하는 사람이 어디 있겠냐며 의아한 마음이 들 수도 있습니다.

성격심리학에서 보았을 때 내향적일수록 행복감을 덜 느끼고, 신경성이 높을수록 불행감을 더 느끼는 경향성이 있습니다. 따라서 신경성이 높은 내향인들은 행복에 둔감하면서 불행에는 민감한 성향을 지니기 때문에 모든 의사결정에서 '불행하지 않을 선택'을 최우선으로 하는 것이 바람직합니다.

이 책의 주인공인 예민한 사람들의 경우에는 자신의 외향성과 신경성을 종합적으로 고려해서 주관적 안녕감을 추구해야겠죠. 행복이란 게 모두에게 다 똑같이 적용되지는 않습니다. 특정 성격 유형에게 행복은 딱히 중요하지 않고, 불행하지 않은 게 곧 최고의 이상일 수 있습니다. 중요한 건 내가 이런 성격이라는 걸 인지하고, 행복과 불행의 우선순위를 잘 조정해야 한다는 것이죠.

세상의 기준이 항상 행복에만 초점을 맞추고 있다 보니, 더 행복한 것보다 덜 불행한 게 더 중요한 사람들조차 불행 회피가 아닌 행복 추구에만 집중하는 것 같아 안타까울 때가 많습니다. 꼭 달콤한 행복만이 정답은 아닙니다. 누군가에게는 쓴맛이 없는 불행하지 않음이 정답일 수 있습니다.

행복 vs 행복할 만함 ——————————————

지난 한 주 동안 행복했던 일들을 적어보세요.

행복 노트 적기는 센터에서 자주 하는 활동 중 하나입니다. 그런데 행복했던 일들을 거의 적지 못하는 분들이 의외로 많습니다. 왜일까요? 진짜 행복하지 않아서? 그렇다기보다는 '행복'을 '행복할 만함'과 혼동하고 있기 때문입니다. '행복할 만함'이란, 일종의 기준 내지는 자격입니다. 서울에 있는 대학 정도는 가야, 대기업 정도는 들어가야, 아파트 한 채 정도는 있어야 행복한 사람이라고 생각하는 것이죠. 즉 사회가 정형화시켜놓은 행복할 만한 사람의 기준에 부합하는 것이 곧 행복이라고 혼동하는 겁니다. 그런데 이건 행복이 아닙니다. 일종의 미션이자 목표의식이죠. 행복감이란 것은 별다른 게 아닙니다. 우리가 하루에도 몇 번씩이나 느끼곤 하는 기분 좋은 감정 그 자체입니다. 무라카미 하루키가 "행복의 본질은 갓 구운 빵을 찢어 먹을 때 느끼는 소소하지만 확실한 만족감 같은 것"이라고 말했듯 말이죠.

'집도 못 사고 있는데 지금 갓 구운 빵 찢어 먹는 게 대수인가'라고, 지금의 나는 행복할 자격이 없다고 생각하는 사람이 안타깝게도 우리 주변에 너무나도 많습니다. 이는 정말이지 엄격하고 무자비한 자아비판이 아닐 수 없습니다. 베스트셀러 작가이자 신경과 의사인 데이빗 번즈(David Burns)는 "당신의 감정은 마치 새끼 오리가 어미 오리를 졸졸 쫓아다니듯, 당신의 생각에 뒤따라 나타난다"라고 말한 적 있습니다. 행복할 자격이 없다는 생각, 즉 행복에 대한 오해는 우리를 점점 더 행복할 수 없는 사람으로 만들어갈지도 모릅니다. 무라카미 하루키가 전하고 싶은 말은 사실 이런 게 아니었을까요?

제발 좀 행복하다고 인정해, 이 사람들아. 그래야 행복할 수 있다고!

행복은 목적이 아니라 수단이다

'행복 vs 행복할 만함'의 차이는 '즐거운 감정 vs 목적을 달성했을 때의 자기 가치감'이라고 볼 수 있습니다. 그리고 우리는 이 두 개념을 반드시 구분할 수 있어야 합니다.

왜냐하면 우리가 어떤 목적을 달성하고 싶다면 행복감이라는 이 단순하고도 즐거운 감정을 최대한 활용할 수 있어야 하니까요. 여러분은 이미 심리학에 하나의 공식이 존재함을 알고 있을 겁니다. 행복감을 느끼면 충전되고, 불행감을 느끼면 방전된다는 공식 말이죠. 이 말인즉슨, 행복한 사람일수록 내면의 배터리가 금방 복구된다는 것을 의미합니다. 에너지가 빨리빨리 찬다는 거죠. 에너지가 매번 새롭게 충전되니, 목표를 향해 더 열심히 매진할 수 있겠죠.

'집도 못 사고 있는데 지금 갓 구운 빵 찢어 먹는 게 대수인가'라고 생각하는 사람들은 이 생각의 뒤로 '난 행복하지 않아! 불행해!'라는 감정이 쫄래쫄래 쫓아오게 되므로 아파트를 사기 위해 아무리 열심히 노력하려 해도 배터리 충전이 좀처럼 쉽지 않습니다. 매번 금방 방전돼 버리죠. 심리학자들은 이야기합니다.

행복은 목적이 아니라 수단에 가깝다.
행복은 우리가 목표를 이룰 수 있게 옆에서 도와주는 친구 같은 존재다.

내가 정한 확실한 목표가 있다면, '난 아직 목표를 달성하지 못했기 때문에 갓 구운 빵 따위 중요하지 않아!'라고 생각할 것이 아니라 구체적인 행복 리스트를 작성해서 목표에 닿을 때까지 주기적으로 나의 정신력 배터리를 충전시켜 주세요. 그리고 그 힘으로 원하는 모든 것들을 다 이루시기를 응원합니다!

당신이 성장하고 있다는
5가지 신호

살면서 때때로 노력이 버거운 이유는 내 노력의 결과가 당장 눈에 보이지 않기 때문입니다. 이것은 사람들이 게임에서 성장이란 재미 요소를 쉽게 찾아낼 수 있는 것과는 정반대의 현상이라고 볼 수 있습니다. 게임에서는 내가 레벨업하고 있다는 게 눈에 보이므로, 시시각각 성취감을 느끼고 충분한 동기 부여가 이루어집니다.

반면 실제 삶은 게임처럼 뭐든지 수치화할 수 없습니다. 그렇다 보니 당장의 보상이 주어지지 않는 노력은 사람들로 하여금 내가 하고 있는 지금의 노력이 사실은 아무 쓸데 없는, 헛된 노력은 아닐까 하는 의심과 허무함을 품게끔 만드는 것이죠.

만약 어떠한 존재가 우리 곁에 있어서 내가 얼마나 성장하고 나아지고 있는지 매번 피드백을 줄 수 있다면 우리는 충분한 성취감을 느끼면서 목표 달성을 위해 한층 더 매진할 수 있을 겁니다. 내가 나아지고 있다는 확실한 심증을 얻게 되면, 그것은 곧 굉장한 에너지와 동기 부여로 전환될 수 있으니까요. 하지만 평범한 사람들 주변에 그런 존재가 있을 리 만무하므로 '내가 얼마나 나아지고 있는지'를 스스로 판별해볼 수 있는 일종의 자가키트를 소개하도록 하겠습니다.

이 다섯 가지 질문에 긍정적으로 대답할 수 있다면, 여러분은 분명히 성장하고 있는 겁니다.

1 | 불편함에 익숙해져 가는가?

사람들은 흔히 불편함을 반드시 없애야 할 악의 축이라고 여기며 이를 최대한 회피하기 위해 갖은 노력을 다해가며 인생을 살아갑니다. 하지만 그건 불가능에 가깝죠. 살면서 불편함이란 녀석과 어차피 필연적으로 맞닥뜨려야 한다면, 오히려 불편함을 내 옆에 두면서 최대한 길들이고 적응시키는 편이 더 나은 전략일 수도 있습니다.

불편함을 두려워하지 않고 직시하면서 얼마나 유연하게 대처할 수 있는지가 무척 중요합니다. 만약 여러분이 그 어떠한 스트레스 상황에서도 묵묵히 버텨내는 사람이라면 그것은 이미 불편함을 삶의 일부로 받아들일 만큼 강인한 사람이라는 반증입니다. 불편함은 내 집에서 쫓아내야 할 야생동물이 아니라, 오히려 길들여서 같이 지내야 할 반려동물에 가까울지도 모릅니다.

2 | 독립성이 강해지고 있는가?

사람들이 살면서 제대로 인지하지 못하는 스트레스 중 하나가 바로 다른 사람에 대한 의존성이 불러일으키는 불안감입니다. 타인에게 의지하고 기대하는 일의 장점은 사회적 동물로서 연결감이라는 만족을 느낌과 동시에 실제로 필요한 것들을 제공받는 안락감에 있습니다.

반면 이러한 연결감과 안락감은 나를 챙겨주는 대상이 떠나는 즉시 사라지기 때문에 누군가에 대한 정서적·물질적 의존은 무의식적으로 강한 분리 불안을 일으킬 수밖에 없습니다. 가령 부모에게 의존성이 강한 아이일수록 안정적인 애착 형성이 힘든 경향이 있죠. 왜냐하면 타인에 대한 의존은 본질적으로 '이 사람이 없으면 어떡하지?'라는 근원적 공포를 불러일으킴으로써 강력한 분리 불안을 발생시키기 때문입니다.

이는 성인이 된 후에도 마찬가지입니다. 연인이나 배우

자에게 강한 의존성을 보이는 사람들은 무의식적인 분리 불안으로 인해 지나친 집착이나 질투를 보이는 경향이 있습니다. 이러한 측면에서 '독립성이 강해진다'라는 것은 곧 그 사람이 분리 불안에서 벗어나고 있다는 의미입니다. 즉 혼자서도 얼마든지 잘해 나갈 수 있다는 내적 자신감이 생기고 있는 것이죠.

3 | "No"라고 말할 수 있는가?

나를 지킬 수 있는 사람은 결국 자기 자신뿐입니다. 자신의 이익을 위해 남들을 이용하려는 하이에나들로부터 자신을 지키기 위해서는 어렵더라도 단호하게 "No"라고 말할 수 있어야 합니다. 하이에나들은 보통 처음에는 가벼운 부탁부터 시작합니다. 권투로 따지자면 잽을 날려보면서 상대를 가늠해보는 과정이죠. '괜찮네? 이용해 먹을 수 있겠는데?'라는 계산이 서면 그때부터는 점점 더 피치를 올리며 본격적으로 훅을 날리게 됩니다.

따라서 검증되지 않은 사람이 부탁할 때는 깊게 고민할 필요 없이 바로 "No"라고 대답하는 것이 나를 지키는 최선의 방법입니다. 잽을 맞았을 때 곧바로 카운터로 응수하면서 내가 만만하지 않다는 시그널을 보내는 것이죠.

특히 관계에서의 갈등이 싫어서 뭐든 좋게 좋게 넘어가려 하고, 부탁을 거절하는 게 힘들어 언제든 도움의 손길을 기꺼이 내미는 HSP들에게는 '나'를 최우선 순위로 두는 것 자체가 곧 변화와 성장의 신호탄이라고 볼 수 있습니다. 당연히 처음에는 혹시라도 상대의 기분이 상할까 봐 주저하게 되고 어렵게 느껴질 겁니다. 하지만 이 역시 꾸준히 연습하다 보면 그리 어렵지 않습니다. 이제부터라도 "No"라고 말할 때의 불편함을 회피하려 하지 말고, 그 불편한 느낌을 길들여보는 게 어떨까요?

4 | 타인의 시선으로부터 자유로워지고 있는가?

타인의 시선에 신경을 쓰는 일은 과거에는 원시인들을 서로 뭉치게 만듦으로써 생존에 도움을 주는 기질이었다면 육체적 생존이 최대한 보장된 현대인들에게는 오히려 내 주체성과 자유를 구속하는 일종의 정신적 굴레처럼 작용하고 있습니다. 따라서 인정 욕구는 과거의 산물이 될 수밖에 없는 것입니다. 타인의 시선에 개의치 않으려고 노력하는 일 또한 시간이 갈수록 점점 더 현대 사회에 적응하기 위한 필연적인 생존 전략으로 평가받게 될 것입니다.

앞서 언급한 대로 인정 욕구를 내려놓으면 더 이상 '나'

라는 사람의 가치를 남들이 결정짓게 두지 않습니다. 남들이 보는 기준에서 벗어나, 남들이 알아주지 않아도 스스로 성장해 나가고 있다는 자각을 통해 충분히 삶의 만족감을 느낄 수 있습니다.

5 | 나와의 약속을 지키려고 노력하는가?

미켈란젤로가 〈천지창조〉를 그릴 때 한 친구가 어차피 아무도 모를 텐데 이렇게까지 세심하게 구석구석 신경 쓸 필요가 있는지 묻자 "내가 안다"라고 무심히 대답한 일화는 굉장히 유명합니다.

평소 좋아하고 존중하는 사람과의 약속은 더할 나위 없이 중요하게 느껴집니다. 반면 나 자신과의 약속이야말로 세상에서 가장 우선시돼야 할 일이지만, 현실적으로는 그저 별것 아니라는 듯 넘어가고 뒤로 밀리는 경우가 다반사죠.

우리는 종종 스스로를 사랑하는 게 너무나도 어렵다고 말하지만, 자애심의 기본은 스스로를 존중하는 일에서부터 시작됩니다. 또 이러한 자기 존중은 나와의 약속을 지키려고 노력하는 일상적인 습관에서부터 시작되는 것입니다.

스스로를 아끼고 사랑할 수 있게 되는 것이야말로 곧 최고의 성장이라 볼 수 있습니다. 어쩌면 지금 여러분은 애벌레와 같은 상태에 있을지도 모릅니다. 하지만 그렇다고 해서 걱정하거나 두려워하지 마세요. 느리더라도 천천히 성장할 수만 있다면, 결국 멋진 나비가 되는 일이란 필연에 가까운 일이니까요.

예민한 사람만의
독보적인 강점

예민한 사람들의 흔한 착각 중 하나는 예민해서 힘들기만 하지, 좋았던 적은 거의 없다고 생각한다는 점입니다. 이론적으로 보통 사람보다 훨씬 더 감각을 잘 느끼는 현상은 부정적인 자극뿐만이 아니라 긍정적인 자극에도 적용될 수밖에 없습니다. 즉 예민한 사람들은 긍정적인 감정에도 더 잘 반응한다는 것이죠.

다만 인간에게는 부정성 편향이라는 기제가 있어서 긍정적인 경험보다 부정적인 경험에 대한 감정을 2.5배 정도 강렬하게 느낍니다. 따라서 인생을 전반적으로 돌아봤을 때 좋았던 일보다는 나빴던 일들이 더 많이 부각되는 것이죠. 하지만 이는 부정성 편향으로 인한 왜곡된 생각일 뿐입니다. 현재 삶이 너무 고돼서 기억 저편으로 숨어버렸지만, 예민한 사람들에게도 얼마든지 기쁘고 즐거운 순간들이 많았을 겁니다.

　예민한 사람들이 지닌 안 좋은 패턴 중 하나는 부정적 자극을 회피하는 데 너무 몰두한 나머지 긍정적 자극을 찾고 누려야 한다는 것을 생각하지 못하는 것입니다. 이를 비유하자면, 뒷산에 독버섯과 송이버섯이 나란히 자라고 있는데, 독버섯을 조심하는 일에만 집중하느라 송이버섯을 캘 생각을 하지 못하는 것과 같습니다. 여기서 안타까운 점은 자신의 뒷산에 송이버섯이 있다는 사실조차 전혀 모르고 있는 HSP들이 굉장히 많다는 겁니다. 즉 나에게는 나쁜 일만 생긴다며 자신의 인생을 과도하게 비하하는 것이죠. 독초 주위에 약초가 자라나는 것이 자연의 이치인 것처럼 우리의 인생에도 나쁜 일들 사이사이에 좋은 일들이 숨어 있기 마련입니다. 문제는 과연 우리가 이 사실을 인지하고 있느냐입니다. 그리고 좋은 자극들을 찾기 위해 평상시 얼마나 노력하고 있느냐 하는 점입니다.

　예민한 사람들과 이야기를 나누다 보면 항상 고민의 포인트는 '에너지 부족'으로 귀결되곤 합니다. 일상생활에서 끊임없이 쏟아져 나오는 부정적 자극들을 처리하느라 너무나도 지치고 힘든 거죠. 이렇게 늘 부정적 자극을 적시에 회피할 수 있도록 고민하느라 예민한 사람들의 두뇌는 쉴 틈이 없습니다. 자신이 가진 에너지를 고통 회피를 위해서만 온통 쏟아붓는 것이죠.

예상되는 스트레스를 적절히 피할 수만 있다면 예민한 사람들의 에너지는 아마 충분히 잘 보존될 수 있을 겁니다. 하지만 간과해서는 안 되는 게 대다수의 스트레스 요인은 내가 대비한다고 해서 피할 수 있는 게 아닙니다. 나에게 스트레스를 주는 것들은 보통 사람, 상황 등의 외부적 요인들이기 때문에 애당초 내가 통제할 수 없는 영역이기 때문입니다. 즉 내가 스트레스를 통제하고자 애쓰는 일들은 대부분 통제할 수 없는 영역을 통제하려는 불가능한 미션에 가깝다는 것이죠. 마음에 들지 않는 직장 사람들, 정서적으로 날 힘들게 하는 가족들, 친구들이나 연인과의 관계 갈등, 커리어와 성과에 대한 고민 등. 녹록지 않은 인생, 어차피 흙탕물이 될 게 뻔한데 혼탁해진 물에서 최대한 찌꺼기를 덜어내려고 안절부절못하는 인생을 사는 것이 바로 대다수 예민한 사람들에게 보이는 삶의 모습입니다.

찌꺼기를 빼내는 일에 집중하는 것보다 더 좋은 방법은 아예 깨끗한 물을 들이부어서 흙탕물을 새 물로 가득 넘치게 만드는 겁니다. 이게 가능하냐고요? 오히려 예민할 수록 훨씬 더 가능한 방법입니다. 예민한 기질은 부정적인 감정을 증폭시키지만, 긍정적인 감정 또한 증폭시키기 때문이죠.

여기서 우리가 주목해야 할 점은 무언가를 시도할 때 부정적인 감정과 긍정적인 감정이 공존한다면 결국 부정성 편향으로 긍정적인 감정이 묻힌다는 겁니다. 예를 들어 인간관계에는 늘 고통과 쾌락이 공존하죠. 이렇듯 고통과 쾌락을 같이 경험하면, 결국 남는 건 임팩트가 강한 고통밖에 없다는 것입니다. 따라서 행복을 추구하고자 할 때는 최대한 부정적인 자극들을 통제해야 하는데 이를 위한 가장 좋은 방법이 바로 사람을 통제하는 겁니다. 즉 다른 사람들과 어울리지 않고 온전히 혼자 하는 활동을 통해 행복을 추구하는 것이죠.

인간은 영감(inspiration)과 영성을 통해 혼자서도 얼마든지 극도의 행복감을 추구할 수 있습니다. 다행인 건 예민한 사람들이야말로 영감을 느끼는 분야에 있어서는 최고의 전문가들이라는 점이죠. 이들이 지니는 초감각은 보통 사람이라면 놓치고 지나갈 수 있는 부분들까지 세심하게 어루만지며 그들의 영혼에 깊은 울림을 선사하곤 합니다. 자연, 예술, 문학, 문화 등에서 예민한 사람들이 받는 감명은 보통 사람의 몇 배 이상이며, 이처럼 더 깊이 감동하는 특징이야말로 예민한 사람들만이 갖는 독보적인 장점이라고 볼 수 있습니다.

센터를 찾아오시는 예민한 분들께 제가 강조하는 점은 아무리 바쁘고 힘들더라도, 결코 자신의 취미생활을 등한시하지 말라는 것입니다. 하루에 단 한 시간만이라도 내가 좋아하고 사랑하는 일들을 하면서 마음껏 느끼고, 즐기고, 웃고, 울라는 거죠. 밖에서 독초 몇 개쯤 먹었다 해도 귀가해서 약초 몇 개 주워 먹으면 아무런 문제 없이 회복할 수 있습니다.

예민한 사람들에게 취미생활이란 그런 겁니다. 혼탁해진 흙탕물에 깨끗한 물을 들이붓는 것. 온종일 시달린 나를 급속 충전으로 되살아나게 만드는 것. 저 같은 경우에는 소설책을 읽거나 영화나 드라마를 볼 때, 음악을 듣거나 글을 쓸 때 영감을 받고 내면의 울림을 느낍니다. 그렇게 웃고, 울고, 감탄하고 탄식하면서 혼탁해진 내면에 깨끗한 물을 다시 채워 넣습니다.

이 책을 읽고 있는 HSP 여러분들도 분명 자신만의 영감을 느끼는 방식이 있을 겁니다. 아무리 괴롭고 힘들더라도 여러분의 취미생활을 절대 놓지 마세요. 예민한 사람들의 고통은 자신만의 내면세계를 가꿔나가는 과정에서 깨끗이 해소될 수 있습니다.

'나'라는 초원에
주기적으로 물 주기

예민한 사람들이 과연 둔감해질 수 있을까요? 보통 사람들처럼 신경을 좀 덜 쓰면서 살 수 있을까요? 심리학에서는 타고난 성격, 즉 기질적인 측면은 유전자에 새겨져 있기 때문에 바꾸기 힘들다고 설명합니다. 다만 성격에는 후천적인 측면도 존재하기에 어려울 뿐, 본인의 태도나 노력 여하에 따라 얼마든지 바뀔 수 있습니다.

하지만 초예민성이라는 성격은 기질적으로 너무나도 강력한 성질을 지녔기에 태도나 행동적인 노력 등으로 변화시키기가 굉장히 어렵습니다. 그럼에도 우리는 예민함으로 인해 너무나도 삶이 고되고 힘들어 조금이라도 둔감해지길 원합니다. 그렇다면 우리는 이제부터 관점을 조금 달리할 필요가 있습니다.

저 역시 HSP로 살아오면서 무던해지기 위해 별의별

행동들을 다 해봤는데 좀처럼 이 예민하고도 날카로운 감각이 사라지질 않더군요. 심리학자들은 흔히 예민한 사람들에게 "당신의 예민한 감각을 명검이라고 생각하면서, 그 예리하고 날카롭다는 장점을 살려 보세요!"라고 조언하지만, 결국에는 그 명검의 칼끝이 나를 향하면서 스스로를 아프게 하는 경우가 훨씬 더 많더라는 겁니다.

예민한 사람들은 초감각과 초감정 특성으로 인해 마음에 상처를 입을 일이 무척이나 많습니다. 안타까운 건 인간의 뇌는 감정이 담겨 있는 장면들을 훨씬 더 잘 기억해낸다는 점입니다. 감정적으로 불편했던 순간들을 아무리 생각하지 않으려 해도, 예민한 사람들의 머릿속에서는 도저히 그 장면들이 떠나가질 않는 거죠. 아무리 무던하게 넘기고 싶다 한들 예민한 감각이 그걸 붙잡고 놓아주질 않는 것이죠. 따라서 이들의 인생은 '나의 예민함이 불러온 이 고통으로부터 어떻게 해방될 수 있을까?'라는 질문으로 꽉 차게 됩니다. 즉 자연스럽게 나의 고통과 고통을 해소하는 방면으로 인생의 초점이 맞춰지는 것입니다.

예민한 사람들의 인생을 요약하면 마음에 상처를 입고, 그걸 해결하기 위해 발버둥 치는 과정의 연속이라고 볼 수 있습니다. 일평생 내면의 상처, 스트레스와 전투를 벌이는 것이죠.

이를테면 불같다고나 할까요? 예민한 사람들의 감각은 항상 시뻘겋게 달아올라 있어서 그들의 '내면'이라는 초원에는 언제든 들불이 날 수 있습니다. 그렇게 되면 이들은 그 불길을 잡느라 온갖 진을 빼고, 다음에 날 불에 대해 미리부터 걱정하게 되죠. 결국 어떻게 해야 불이 안 나게 할 수 있는지, 어떻게 해야 불을 잘 끌 수 있을지 각종 노하우가 생기지만, 그렇다고 해서 이 들불이라는 자연재해 자체를 막을 수는 없습니다. HSP들의 예민한 감각이라는 불씨가 여전히 살아 있는 한은 말이죠.

하지만 관점을 바꾸어서 HSP들의 초원에 주기적으로 비를 내릴 수 있게 한다면 어떨까요? 시원하게 비가 내리면 불은 꺼지기 마련입니다. 비가 거의 내리지 않는 건조한 지역에서나 화재를 걱정하지, 비가 자주 내리는 지역에서는 불이 나더라도 금세 진압되고, 그러니 사람들은 불이 날까 봐 걱정하는 데 쓰는 에너지를 다른 일들에 쓸 수 있게 됩니다.

이와 마찬가지로 나에게 주는 선물 같은 시간, 즉 자기 돌봄(self care)은 예민한 사람들에게 바로 이 비와 같은 역할을 해줄 수 있습니다. 내면의 초원을 촉촉하게 적셔주면서 곳곳에 있는 불씨들을 말끔하게 잡아주는 것이죠.

예민한 사람들의 초감정 특성은 당연히 긍정적인 감정에도 적용되기 마련입니다. 예민한 사람들이야말로 사소한 일에도 더 자주, 더 많이 감동하고 기쁨을 느끼는 사람들입니다. 그러니 상처와 고통이 아니라, 자기 돌봄과 나의 웰빙에 집중하는 삶. 나쁜 쪽에 둔감해지는 것보다는 좋은 쪽에 집중함으로써 불(bad)이 날 틈이 없도록, 내 삶에 물(good)의 비중을 잔뜩 늘려놓는 게 훨씬 더 효율적인 전략입니다.

내가 나에게 선사할 수 있는 선물 같은 일들을 목록화해서 이러한 자기 돌봄의 시간을 매일매일 루틴으로 만든다면 불을 끄는 인생이 아니라, 물을 끌어들이는 삶을 살수 있습니다. 감동적인 영상을 보며 실컷 울기, 재밌는 영상을 보면서 숨이 넘어가도록 웃기, 좋아하는 음악을 들으면서 한 시간 동안 산책하기, 방 안을 좋아하는 향기로 가득 채우기 등으로 말이죠.

이처럼 상처와 고통에만 집중한 채 건조하고 팍팍한 삶을 살기보다는 자기 돌봄을 통해 내면의 들판을 촉촉하게 적셔주는 청량한 삶에 집중하게 된다면, 예민한 사람들의 삶은 훨씬 수월해질 수 있습니다. 그동안 피곤하고 지친 삶을 살아온 HSP들의 내면이 이제는 건조한 들판에서 벗어나 항상 청량한 물빛을 머금기를 응원합니다.

나는 왜 남들보다 쉽게 지칠까

초판 1쇄 발행 2024년 7월 10일
초판 15쇄 발행 2025년 1월 8일

지은이 최재훈
펴낸이 정지은

펴낸곳 (주)서스테인
출판등록 2021년 11월 4일 제2021-000166호
전화 070-7510-8668
팩스 0504-402-8532
이메일 sustain@sustain.kr

ISBN 979-11-93388-07-5   03180